吳昆展 編著

故事雲
中國神話

經典大閱讀

目次

第二部　自然神話

第三部　英雄神話

第四部　民間信仰神話

中國神話概說

神話是起源於古代先民對於天地宇宙、自然現象的解釋，反映先民與自然的對抗，包括宇宙開創、人類起源及日月山川風雨等。遠古時代的神話故事，都是原始社會人民的集體創作，在文字出現以前，透過口耳相傳廣泛地流傳。然而，有著五千年悠久歷史的中華文化，原本應該蘊藏著豐富的神話傳說，但實際上被文字記載保存下來的，卻遠不及同樣屬於古文明的希臘、埃及神話，其主要原因有二個：

一、受儒家思想的影響。《論語》記載「子不語：怪、力、亂、神」，意指孔子向來不去討論怪異、暴力、悖亂、神鬼等虛妄不切實際又違背情理的事情；又記載孔子在學生季路「問事鬼神」時，回答說：「未能事人，焉能事鬼？」認為還沒把處理人的事情學會，哪有多餘的心力去學習處理鬼神之事。因為孔子對於鬼神之事的有所保留，造成後代儒家學者極少談論，當漢武帝獨尊儒術後，神話故事的流傳與記載，自然也受到影響。

二、先秦思想家引用神話時斷章取義。在百家爭鳴的先秦時代，為了讓自己的理論更有說服力，許多思想家都會引用神話傳說作為印證，例如《莊子》、《韓非子》等，但這些思想家在引用神話時，常只針對自己需要的部分斷章取義，以至於雖然有許多思想家提及神話傳說，卻流於零碎，無法看到原始神話的全貌。

雖然中國古代一直沒有記錄神話的專書，使得早期神話無法完整流傳下來，但所幸還是有許多古代典籍記錄了許多神話故事，像成書於西漢的《山海經》一書，被認為是保存最多古代神話故事的經典，另外保留較多的還有西漢淮南王劉安召集門下客編著的《淮南子》，以及《楚辭》和部分先秦古籍，讓後代讀者得以窺見古代神話的樣貌。

中國古代神話可概分為三類：一、創世神話。先民對於天地的開闢、人類的起源，賦予豐富的故事，例如盤古開天、女媧造人等；二、自然神話。面對種種自然現象，先民透過想像來解釋，便出現各種自然神話，例如日月、星辰、雷電等；三、英雄神話。為了生活，先民勇敢與大自然對抗，他們或成為帝王領袖、或只是平凡人，這些事蹟透過豐富的想像而形成神話，例如大禹治水、愚公移山等。

現今流傳的神話故事，可能在不同的典籍中會有不同版本，畢竟幾千年來書籍會有散佚、傳抄會有失誤。而我們現在所看到的神話故事，有些是後人根據不同古籍中的記載，重新整理編寫而成，所以可以看到出處不只一個。

古代神話故事反映著前人智慧的結晶、浪漫的幻想、對理想的追求，還有不屈不撓的意志，對於後代詩歌、散文和小說等文學作品，都有密切的關聯與深遠的影響。

除了古代神話之外，本書還收錄了民間信仰神話，這是受到宗教及地方信仰的影響，所發展出來的傳說故事，這些故事在傳統的儒學眼中或許難登大雅之堂，所以不受到重視，卻與民眾的生活息息相關，是民間珍貴又精彩的俗文學。

第一部　創世神話

人類來自何處？天地是怎麼形成的？
是誰教我們築巢取火，耕織養蠶、識文記事？
關於萬物起源的「天問」，都在神話裡有了解答。

開天闢地的盤古

出自：《三五曆紀》、《五運歷年記》

很久很久以前，整個世界像一個混沌的蛋體，天地還沒有分開，也沒有上下左右、東西南北的分別，在這個蛋的核心，盤古逐漸成形。

過了一萬八千年，有一天盤古醒了過來，他睜開眼睛卻只看見一片漆黑，四肢蜷曲無法伸展，於是他把手用力向上一伸、把腳用力往下一蹬，突然一個巨大的聲響，蛋體裂開了，原本清澈、輕盈的部分緩緩上升，形成了天；原本混濁、厚重的部分慢慢下降，形成了地。

盤古手撐著天，腳踏著地，一天長大一丈，於是天也一天增高一丈，地也一天增厚一丈，就這樣過了一萬八千年，天變得很高很高，地變得很厚很厚，而盤古變得很大很大。

後來，盤古一直支撐著天與地，力量終於耗盡，他知道自己的時間不多了，在死前，他決定把自己的身體奉獻給這個世界。

在倒下去前，盤古呼出的氣變成風雲，聲音變成雷電；他的左眼飛上天空化成太陽，給大地帶來光明，右眼飛上天空化成月亮，為黑夜帶來希望；他的四肢，化成大地上的東、西、南、北四極和五嶽高山；他的血液，化成奔流不息的江河；他的筋脈，化成連綿的河川道路；他的肌肉，化成大片的田野沃土；他的毛髮鬍鬚，化成天上的點點星辰；他的皮毛，化為遼闊的草原和森林；他的骨髓，變成了珠玉寶石；他的汗水，化成滋潤萬物的雨露；他身上的蟲子，也化為黎民百姓。

從此之後，世界有了陽光雨露，大地有了江河湖海，萬物開始滋生，人類也開始繁衍。

◈天地渾沌如雞子，盤古生其中，萬八千歲，天地開闢，陽清為天，陰濁為地，盤古在其中，一日九變，神於天，聖於地。天日高一丈，地日厚一丈，盤古日長一丈，如此萬八千歲，天數極高，地數極深，盤古極長。——《三五曆紀》

◈首生盤古，垂死化身，氣成風雲，聲為雷霆，左眼為日，右眼為月，四肢五體為四極五嶽，血液為江河，筋脈為地理，肌肉為田土，髮髭為星辰，皮毛為草木，齒骨為金石，精髓為珠玉，汗流為雨澤，身之諸蟲，因風所感，化為黎甿。——《五運歷年記》

關於《三五曆紀》、《五運歷年記》

作者為三國時吳國徐整，生卒年不詳。盤古的傳說，最早大約出自三國時期，《三五曆紀》和《五運歷年記》中有比較詳細的記載。這兩本書內容多為上古傳說，現已失傳，唐代《藝文類聚》、宋代《太平御覽》、明末清初馬驌的史書《繹史》中，可見相關引用。

摶土造人的女媧

出自：《楚辭章句》、《風俗通義》

盤古開闢天地之後，又過了不知道多久，出現了一個人頭蛇身的女神，叫做女媧。她獨自行走在遼闊的天地之間，發現只有自己一個人，覺得有些孤單寂寞，她想創造點什麼，讓這個世界增添熱鬧的氣氛。走著走著，來到一個湖泊邊，女媧看見清澈的湖水映照出自己的身影與容貌，突然靈機一動，從湖邊抓起一把黃泥加水，照著自己的樣子捏出一個又一個的小泥人，不久，神奇的事發生了，這些泥人開始動了起來，而且有著喜怒哀樂各種情緒，於是整個大地熱鬧了起來。

女媧很高興，覺得不再寂寞了，她想讓世界更熱鬧，希望每個地方都有「人」的存在，於是努力地捏泥人。她不停地捏啊捏，捏到手都痠了，但還是覺得泥人的數量不夠多，於是女媧想了一個辦法，從樹上扯下一條藤蔓，把藤蔓浸泡在泥坑中，再用力甩出去，這些濺灑出去的泥漿化成一個一個的泥人。因為作法不同，所以人有了分別，那些用手捏出的小黃土人都成為富貴、賢能且有智慧之人，用繩子揮灑出的泥人，則成為貧賤、庸俗的平凡人。

女媧創造出許多的小人，她總算覺得心滿意足。但是，沒過多久，新的問題又出現了，女媧發現這些小人們的壽命有限，每過一段時間就會有一批小人死亡，她想，如果每過一段時間就要重新創造新的小人，未免也太麻煩了，但是如果不繼續創造新的小人，總有一天這些小人就會滅絕，她左思右想，把小人分成男女，教男人和女人婚配的方法，讓他們可以生兒育女，自己創造後代，從此就可以一代一代地繁衍下去。

◆傳言女媧人頭蛇身，一日七十化。——《楚辭章句》

◆俗說天地開闢，未有人民，女媧摶黃土做人，劇務，力不暇供，乃引繩絙於泥中，舉以為人。故富貴賢知者，黃土人；貧賤凡庸者，絙人也。……女媧禱祠神，祈而為女媒，因置昏姻。——《風俗通義》

關於《楚辭章句》

作者為東漢文學家王逸，生卒年不詳。《楚辭章句》共十七卷，是現存《楚辭》最早的完整注本。楚辭是戰國時代在楚國出現的一種新興詩歌文體，西漢時，劉向將屈原、宋玉等人的作品編輯成書，並命名為《楚辭》。

關於《風俗通義》

作者為東漢學者應劭，生卒年不詳。《風俗通義》又稱《風俗通》，是漢代民俗著作，記述禮儀、風俗和社會習慣，記錄了大量的神話異聞與民間傳說，是研究兩漢社會生活史的重要文獻。原為三十篇，今僅存十篇。

煉石補天的女媧

出自：《淮南子》

在女媧造人以後，又不知道過了多久，支撐天空的擎天之柱突然倒塌了，於是天空傾斜一邊，九州大地到處崩裂，天空無法再覆蓋整個大地，大地無法再承載世間萬物，天上降下烈火，到處都是蔓延不息的大火，地下湧現洪水，大水泛濫橫流不止，原本棲息在深山的猛獸、猛禽全部跑出來，吞食人民、抓走老弱婦孺，人類面臨前所未有的大災難。

女媧親眼目睹人民的痛苦，感到非常難過，決定修補天空、拯救大地。她不眠不休地提煉出了三萬六千五百塊五色巨石，把這些五色石填補在天空的缺口上，從此，天空有了各式的彩霞及色彩繽紛的彩虹。

她斬斷海中神龜的腳，用來取代被撞斷的擎天之柱，重新撐起坍塌的天空；她又殺死興風作浪，殘害人類的黑龍，使人們的生命不再受到威脅；她還把蘆灰堆積起來，堵塞四處泛濫的洪水。

在女媧不斷地奔走努力之下，蒼天的缺口填補好了，天地四方的擎天之柱也重新豎立起來，泛濫的洪水退去，大火也漸漸熄滅，作亂的黑龍被斬殺，凶暴的猛獸和禽鳥也再度回到山林潛藏，不再危害人間，於是世界又恢復了平靜，從此以後，人們可以過著快樂的生活。

◈往古之時，四極廢，九州裂，天不兼覆，地不周載；火爁焱而不滅，水浩洋而不息；猛獸食顓民，鷙鳥攫老弱。於是女媧煉五色石以補蒼天，斷鼇足以立四極，殺黑龍以濟冀州，積蘆灰以止水。蒼天補，四極正；水涸，冀州平；狡蟲死，顓民生；背方州，抱圓天。——《淮南子．覽冥訓》

關於《淮南子》

西漢淮南王劉安（前179～前122）與其門客共同編撰，故事大多以寓言、神話傳說為主，思想內容接近道家黃老，同時夾雜先秦各家各派學說。古代許多的神話傳說，像是〈女媧補天〉、〈后羿射日〉、〈共工怒觸不周山〉、〈嫦娥奔月〉等古代神話，主要也是因為本書才得以流傳後世。

怒撞不周山的共工

出自：《歸藏》、《山海經》、《汲塚瑣語》、《淮南子》

很久很久以前，天下由黃帝的孫子顓頊治理，顓頊聰明賢能，很受到民眾的信任與愛戴，因此領土的越來越大，北到黃河北邊，南到南嶺以南，西到甘肅的沙漠，東到東海邊，都是顓頊的管轄範圍。

有個水神共工看了顓頊的成就相當眼紅，更擔心顓頊會威脅到自己的地盤，忌妒與猜疑心日漸膨脹發狂。傳說水神共工有著一頭紅色的長髮，外貌是人面蛇身，力大無窮，性情十分凶暴。有一天共工聽到幾個天神在聊天，言語中對顓頊的統治方式有些微詞，共工心念一動：「也許我一個人打不過顓頊，但如果可以多找一些幫手……」他首先找了相柳，相柳也是人面蛇身，渾身青色，而且有九個頭，會分別在九座山上覓食。他性格殘酷貪婪，經過的地方都會變成沼澤和溪流；還有一個浮游，外表像隻紅色的熊，說話像是在笑，行走時左顧右盼，個性陰險，經常危害人間。他們私下煽動一群同樣對顓頊有著不滿情緒的天神，組織一支軍隊，對顓頊發動突襲，想要殺個顓頊措手不及。

沒想到，顓頊接獲消息，迅速整頓軍備，帶領軍隊前來抵抗，二邊的人馬從天上打到人間，再從人間打到天上。剛開始雙方勢均力敵，打得不分勝負，但時間一久，前來聲援顓頊的軍隊越來越多，有著人形虎尾的吉神泰逢從和山前來、有著龍頭人身的計蒙從光山前來，有著兩個頭的驕蟲，還有火神祝融都前來助陣，共工的軍隊寡不敵眾，部下們被殺的人仰馬翻，幾乎全軍覆沒，共工節節敗退，輾轉退到西北方的不周山下。不周山頂天立地，是支撐天地的巨大柱子之一。共工眼見大勢已去，心有不甘，滿腔的怒火無處發洩，居然不顧一切後果地向不周山一頭撞去。

轟隆隆巨響中，支撐天地的不周山竟被攔腰撞斷，坍塌下來。天柱折斷後，整個天地發生了大變動，西北的天穹失去支撐而向下傾斜，連繫在天頂的太陽、月亮和星星也朝低斜的西天滑去，從此日月星辰變成東升西落；大地的東南角塌陷了，所以所有的江河、泥沙都朝向東南方流去。

◆共工人面，蛇身，朱髮。——郭璞注《山海經》引《歸藏・啟筮》

◆共工之臣曰相柳氏，九首，以食於九山。相柳之所抵，厥為澤溪。……相柳者，九首人面，蛇身面青。——《山海經・海外北經》

◆昔共工之卿曰浮游，敗於顓頊，自沒沉淮之淵。其色赤，其言善笑，其行善顧，其狀如熊，常為天王祟。——《汲塚瑣語》

◆東百三十里，曰光山，其上多碧，神計蒙處之，其狀人身龍首，恒遊於漳淵，出入必有飄風暴雨。——《山海經・中山經》

◆又東二十里，曰和山，……吉神泰逢司之，其狀如人而虎尾。——《山海經・中山經》

◆平逢之山……有神焉，其狀如人而二首，名曰驕蟲。——《山海經・中山經》

◆昔者，共工與顓頊爭為帝，怒而觸不周之山，天柱折，地維絕，天傾西北，故日月星辰移焉；地不滿東南，故水潦塵埃歸焉。——《淮南子・天文訓》

關於《歸藏》

《歸藏》是傳說中的古易書，與《連山》、《周易》統稱《三易》。三易中只有《周易》傳行於世。原書已亡佚。清人馬國翰從古籍中蒐羅佚文，輯出《歸藏》一卷。

關於《汲塚瑣語》

作者不詳。西晉太康年間在汲郡魏襄王墓出土了戰國竹簡「汲冢書」，《瑣語》是其中一部分，共十一篇，至今已失傳，清代學者從史書中收集《瑣語》的各種引文，重新編輯成書。可說是戰國初期志怪小說集，內容偏奇聞異說、宮廷軼事。

關於《山海經》

中國最早的百科全書性質的典籍，共十八卷，非一時一人所作，採集撰寫年代約從戰國初年到漢初。《山海經》內容涉及神話、宗教、天文、地理、動物、植物、歷史、民族、醫藥等，其中對海內外諸國的地理風物、遠古鳥獸的描寫，呈現了古人的想像力，也包含了許多中國古代神話的基本來源。

構木築巢的有巢氏

出自：《莊子》

上古時代，人類的數量還很少，但是猛獸卻很多，當時的人們住在野地上，經常遭受野獸的襲擊，生命安全隨時受到威脅，時時刻刻都有傷亡的危險。受到惡劣生存環境的逼迫，有些人移居到山邊，尋找山洞或岩穴，躲避野獸及遮風避雨，但是畢竟沒有那麼多的洞穴可供所有人居住，有一個聰明的人看著樹上飛來飛去忙著築巢的鳥，突然靈機一動：「不如我們也學鳥一樣，在樹上築巢居住好了！」

他挑了一棵堅韌的大樹，用枯樹枝和樹藤在樹木架了一個「巢」出來，從此人們白天拾取橡栗裹腹，晚上就可以住在樹上，不用露宿在野地裡，也不用再害怕受到猛獸的攻擊，大家很感謝他，就推舉他為部落的族長，並且稱他為「有巢氏」。

成為族長以後，有巢氏除了教導人們「巢居」的生活方式，還不斷努力想辦法改善人們的生活，當時大家都沒有穿衣服，身體直接暴露在野外，不僅行動不方便，也容易受傷、天冷的時候容易生病，於是有巢氏教人用樹葉、動物毛皮做成衣服，使人們不再赤身裸體，還可以保暖、保護身體。

◈古者禽獸多而人民少，於是民皆巢居以避之。晝拾橡栗，暮棲木上，故命之曰有巢氏之民。——《莊子．盜跖》

關於《莊子》

作者為戰國思想家莊周（生卒年不詳）及其後學，《莊子》是集結他們思想的篇章，分內篇、外篇和雜篇，目前存世的有三十三篇。後世視其為道家思想典籍，書中採用大量神話傳說與寓言故事來表達主題。

鑽木取火的燧人氏

出自：《韓非子》、《拾遺記》

遠古時期，人們不知道有火這種東西，更不知道用火，每當夜晚來臨，天地一片黑暗，什麼都看不見，只聽得到野獸的吼叫聲四處迴盪，人們往往在寒冷及恐懼中度過長夜。因為不懂用火，食物只能生食，所以當時的人容易生病，壽命都不長。

天上有一個大神看到了，想教人們用火的好處，於是在山林降下一場雷雨，閃電打在樹上，整棵樹瞬間燃燒起來，不久就形成森林大火。人們被這種從天而降的天火給嚇壞了，全部躲得遠遠的，直到雷雨漸歇，火勢也慢慢趨緩，才有人勇敢地前去查探情況。

其中有一個年輕人發現，火光把漆黑的夜晚照亮了，而愈接近火的地方，身體就愈溫暖，原本的寒夜變得不再寒冷；他還留意到，有一些來不及逃離森林的動物被大火燒死，從牠們身上傳出陣陣香味，他試著咬了一口，發現被火燒過的獸肉，比起直接生吃來得美味許多。於是，他明白「火」是個好東西，一點也不可怕，不但提供光和熱，還可以讓食物變好吃；但是他也看到，樹枝上的火會逐漸消失熄滅，「該怎樣才能讓火繼續燃燒呢？」他嘗試用樹枝靠近火源，讓樹枝點燃當成火種，等火快熄滅時，再用新樹枝接火，小心翼翼地把火保留下來，大家輪流顧火，不讓火苗熄滅。如此一來，不用靠著山林大火，平常也有火可使用，讓人們可以享受火的光和熱，並且把食物烤熟食用。

但是有一天，值班顧火的人不小心睡著了，火燒完樹枝後就熄滅了，失去了火種，生活變得很不方便，人們重新陷入漆黑與寒冷的夜晚，重新回復茹毛飲血的生食生活。

天上的大神看到這種情況，決定換種方式來教人們用火。他進入最早發現用火的那個年輕人夢裡，告訴他在遙遠的西方有個燧明國，在那裡可以找到新的火種。第二天醒來，年輕人想起夢境的一切，為了取得火種，改善大家的生活，他決定踏上冒險的旅程，往西方尋找夢中所說的燧明國。

年輕人一路跋山涉水，歷盡艱辛，終於抵達在西方盡頭的燧明國，這個地方由於太過偏僻荒遠，以至於連太陽的光芒和月亮的銀輝都照射不到，無法分清白天與黑夜，終年不見天日。他到處打聽，卻完全沒人知道火種在什麼地方，他非常失望，「難道千里迢迢來到這裡，真的只是一場夢嗎？」

正當他準備放棄要回家時，突然想起了一個問題：「這裡既然照不到太陽，為什麼還是有亮光可以看到東西？」他四處尋找亮光的來源，經過仔細觀察，他發現這裡有一種名叫燧木的大樹，樹上有一種大型啄木鳥，會不斷用硬喙啄樹幹，每啄一下，就會發出耀眼的火光。看到這個情景，年輕人腦袋靈光一閃，連忙從地上撿了一根樹枝，在燧木上鑽了起來，幾次嘗試以後，果然成功發出一些細微火光，雖然無法升起火來，但還是給了他很大的信心。於是他又找了各式各樣的樹枝，耐心地用不同的樹枝敲打、摩擦，經過一次又一次的失敗，試到手都紅腫、破皮了，他還是沒有放棄，終於，樹枝開始冒煙，逐漸燃燒起來。

帶著鑽木取火的技巧，年輕人回到家鄉，從此人們不再害怕黑夜與寒冬，大家被年輕人的智慧與勇氣感動，也感激他對大家所做的貢獻，推舉他當領袖，並把他稱作「燧人」，意思是取火者。

◆民食果蓏蜯蛤，腥臊惡臭而傷害腹胃，民多疾病。有聖人作，鑽燧取火以化腥臊，而民說之，使王天下，號之曰燧人氏。——《韓非子・五蠹》

◆有燧明國不識四時晝夜。其人不死，厭世而升天。國有火樹，名燧木，屈盤萬丈，雲霧出於中間，折枝相鑽，則火出矣。後世聖人，變腥臊之味，遊日月之外，以食救萬物，乃至南垂，目此樹表，有鳥若鴞，以口啄樹，粲然火出。聖人感焉，因取小枝以鑽火，號燧人氏。——《拾遺記》

關於《韓非子》

作者為戰國思想家韓非（約前281～前233），內容共二十卷，分為五十五篇，有系統的宣揚法、術、勢相結合的法治理論，是先秦法家學說集大成之作。他使用了許多寓言故事說明道理，其中許多成為成語典故的出處，例如「自相矛盾」、「濫竽充數」、「買櫝還珠」等。

關於《拾遺記》

作者為五胡十六國隴西人王嘉，前秦苻堅時方士。王嘉字子年，此書又名《拾遺錄》、《王子年拾遺記》，共十卷，內容多為從上古庖犧氏（即伏羲）、神農氏至東晉各代的歷史傳說、神話故事和奇聞軼事，辭藻富麗，極具想像。

畫卦織網的伏羲氏

出自：《帝王世紀》、《易經．繫辭》

相傳在上古時代，有一個叫華胥氏的少女，有一天來到雷澤附近的森林玩耍，她發現了一個巨大的腳印，覺得很好奇，心想：「是誰有這麼大的腳，留下這麼大的腳印呢？」她把自己的腳放到大腳印上面，想看看和腳印相差多少，沒想到一放上去，天空突然響起一聲雷鳴，覺得身體好像觸電般酥酥麻麻，回家以後，肚子居然逐漸大了起來，她才發現自己居然懷孕了，讓人更奇怪的是，她懷胎了十二年才生下孩子，這孩子有著人的上半身，而下半身卻是蛇的尾巴，華胥氏不以為意，依然滿懷著母愛細心照顧，並幫他取名為「伏羲」。

日子一天一天過去，伏羲也漸漸長大，他從小喜歡觀察各種自然生態及現象，包括天上的日月星辰、風雨雲雪、打雷閃電、蟲魚鳥獸、花草樹木……等，經過長時間的觀察及思考，他慢慢掌握四季遞嬗的規律、明白陰陽變化的道理、了解宇宙天地的循環法則，最後創造出八卦，也就是用八種簡單卻寓義深刻的符號，來象徵宇宙結構、概括天地萬物變化。

在當時，人們主要的食物來源為狩獵動物及採集植物的果實，常會有食物短缺的問題，尤其到寒冬的時候，容易發生挨餓受凍的狀況；於是伏羲開始思考：「有什麼方法可以增加食物來源？或是可以穩定地取得食物？」他苦思了好幾天，但一直想不到什麼好辦法，他坐在一棵大樹下，抬頭看著天空，希望上天能給他什麼靈感，無意之間，看到樹枝上有隻蜘蛛在結網，他愈看愈出神，看到有隻蟲子飛進網子後就動彈不得了，突然靈光一閃：「如果可以做出像蜘蛛網的網子，是不是也能捕捉更多的獵物？」他用藤蔓當繩子，模仿蜘蛛網的樣子編出一張網子。

他嘗試用網子捕魚，發現比直接用手捉魚、用樹枝刺魚都來得輕鬆而且有效率；他也嘗試用網子捕捉野獸和鳥類，發現捕獵到動物後，比較不會對動物造成傷害，在食物充足的時候，可以先把捉到的動物圈養起來，等到有需要的時候再宰殺來吃，從此，人們學會飼養牲畜的方法，讓食物的來源更為穩定。

◈有巨人跡出於雷澤，華胥以足履之，有娠，生伏羲於成紀。——《帝王世紀》

◈古者包犧氏之王天下也，仰則觀象於天，俯則觀法於地，觀鳥獸之文，與地之宜，近取諸身，遠取諸物，於是始作八卦，以通神明之德，以類萬物之情。作結繩而為罔罟，以佃以漁，蓋取諸離。——《易經・繫辭》

關於《帝王世紀》

作者為西晉學者皇甫謐（215～282），原書已佚，今所見十卷為清代學者所輯錄。本書記錄了三皇至漢魏的歷代帝王世系、年譜及事跡。內容旁徵博引，大量引用經傳讖緯圖說及諸子雜書，有許多《史記》及《漢書》不備的史事。

關於《易經・繫辭》

相傳為孔子（前551～前479）所作，現代學者認為可能是孔子弟子或再傳弟子，甚或儒家學者所集體創作。其內容為解釋《易經》的義理，分為上下兩篇，各十二章。

遍嘗百草的神農氏

出自：《易經・繫辭》、《淮南子》、《搜神記》

傳說神農氏的長相非常奇特，除了頭和四肢外，身體幾乎是透明的，因此內臟清晰可見，還能清楚看到吃下肚的食物。在那個時候，人們主要的食物是獵捕天上的禽鳥、地上的野獸，以及河裡的魚蝦，然而，隨著人口數量愈來愈多，需要的食物也愈來愈多，但是鳥獸的數量卻愈來愈少，食物短缺的情況下，有些人開始挨餓，就隨便摘採野菜、野草來充飢，可是在當時，五穀、雜草和藥草都雜生在一起，不少人吃壞肚子，甚至因此生病、中毒，但是又不知如何醫治，只能靠自己的體力抵抗，嚴重的只能等死。神農氏看到了人們遭遇的苦難，感到憂心忡忡，決心要想辦法幫助人們渡過這個難關。

神農氏心想：「這麼多種植物當中，一定有可以當做食物或是治療疾病的。」他聽說西北大山上長滿各式各樣的花草植物，決定召集一批願意隨他上山的勇士，為日漸短缺的食物尋找替代品。

一行人一路上翻越一座又一座的高山，橫渡一條又一條洶湧的河，走到腳底都起水泡了，他們還是不停地前進，一直走了七七四十九天以後，才抵達西北大山的山腳。正當大家齊聲歡呼時，突然看到一群虎豹豺狼把他們團團圍住，並且不斷地對著他們低聲嘶吼，神農氏從懷裡拿出一條赭色的鞭子，對著野獸們不停揮舞，經過七天七夜，總算將所有的野獸驅離，大家才能夠順利進入西北大山。

一走進山裡，立即有許多花草的香氣撲鼻而來，放眼望去，紅的、黃的、白的、綠的，各色花草，應有盡有，讓人目不暇給，神農氏開始摘取各種花草品嚐，由於他的身體是透明的，能夠看清五臟六腑，所以品嚐花草時，他可以觀察各種花草對人體的影響，清楚看到毒素或藥效進入身體哪個部位，並逐一記錄：哪些草是苦的、哪些是熱的、哪些是涼的、哪些能充飢、哪些能紓緩身體的不適，全都清清楚楚地寫下來。

有一次，神農氏把一株草放到嘴裡品嚐，突然感覺一陣天旋地轉，就倒地不起，他知道自己吃到毒的草藥，突然瞥見眼前有一株紅色的靈芝，於是用盡身上最後的力氣，掙扎著摘下靈芝草並即時吞下，過了一陣子，身上的毒性慢慢解除，才恢復力氣。就這樣，神農氏嚐遍山上各式各樣的植物，雖然時常中毒，但也常能找到對應的解藥，他最高記錄曾經一天中毒七十次，每次都像在鬼門關前走了一趟，憑著他強壯的體力及堅定的意志力，才又持續嘗試更多不同的植物，身邊的人都很擔心，叫他不要再拿生命冒險，但神農氏說：「還有很多百姓在飢餓之中，還有很多人生病無藥可醫，我怎麼能就此放棄？」

神農氏幾乎嘗遍了西北大山所有的植物，他發現麥、稻、黍、小米、大豆可以充飢，於是叫人帶回去種植，也就是後來的五穀；他還發現有不少草藥具有顯著的治療功效，他把這些全部記錄下來，寫成一本《神農本草經》，讓人帶回去幫百姓治病。

後來有一天，他發現一株攀在石隙上的藤狀植物，上面開著一朵朵的黃色小花，他覺得非常好奇，就摘下一些花和葉子來品嚐，沒想到沒過多久，就覺得腹痛如絞，痛到整個人在地上打滾，好像連腸子都斷裂一樣，最後來不及解毒，就被這種草給毒死了，人們就把這種草叫做「斷腸草」。為了紀念神農氏犧牲自己、造福大眾的恩德和功績，人們把他尊奉為藥王神，並興建藥王廟來祭祀他。

◆神農氏作，斫木為耜，揉木為耒，耒耜之利，以教天下。——《易經・繫辭》

◆古者，民茹草飲水，采樹木之實，食蠃蠬之肉。時多疾病毒傷之害，於是神農乃始教民播種五穀，相土地宜，燥濕肥墝高下，嘗百草之滋味，水泉之甘苦，令民知所辟就。當此之時，一日而遇七十毒。——《淮南子・脩務訓》

◆神農以赭鞭鞭百草，盡知其平毒寒溫之性，臭味所主，以播百穀，故天下號神農也。——《搜神記》

關於《搜神記》

作者為東晉著名史學家及文學家干寶（?～336），本書是漢魏六朝最具代表性的志怪小說集，內容為從民間大量蒐集的各種鬼怪、神異、奇聞以及方士神仙的傳說，也有採自正史中記載的祥瑞、異變等事蹟。原書已佚，後人從古籍中輯錄為現今的二十卷。各篇敘述簡短，但對後世的中國傳奇小說和戲曲影響鉅大，像是「唐人傳奇」，以及清初的《聊齋志異》。書中的故事，除了生動有趣，也深具警世的意味。

種桑養蠶的嫘祖

出自：《史記》、《通鑑外紀》

嫘祖是黃帝的正妻，出自西陵國，他們有兩個孩子，都治理過天下。黃帝成為部落聯盟的領袖後，為讓百姓可以衣食無憂，他帶領著男人從事各項生產工作，包括打獵、種植穀物、馴養動物、製造各種工具等；他的妻子嫘祖則率領婦女，忙著準備食物及保暖衣物。當時衣服主要的材料是樹皮和獸皮。嫘祖帶著婦女上山剝樹皮，製成麻布，並且整理男人打到的獵物身上的毛皮，再縫製成可以穿在身上的衣服；一有空餘的時間，嫘祖就會思考還有什麼東西可以當做衣服的材料？在這樣日夜操勞的情況下，嫘祖勞累過度病倒了。

生病的嫘祖沒什麼胃口，什麼東西都吃不下，一天比一天消瘦，所有人看了以後都很擔心。嫘祖身邊的幾名婦女聚在一起商量，其中一個說：「我以前懷孕的時候，也是什麼都吃不下，就只愛吃酸酸甜甜的果子。」另一個說：「可是嫘祖又不懷孕，這樣有用嗎？」其他人說：「我們就試看看吧，總比什麼都不做好。」於是大家決定上山摘些酸酸甜甜的野果子回來，希望可以增加嫘祖的食欲。

第二天一大早，幾名婦女結伴上山，大家努力地摘了各式各樣的果實，但是試吃之後，卻發現不是太酸就是太澀，始終沒有找到好吃的樹果；接近傍晚的時候，她們走進一片桑樹林，發現樹上結著一顆一顆白色圓圓的果子，大家覺得很好奇，好像從來沒見過這種果子，連忙摘了一堆，眼看著天色愈來愈暗，大家擔心天黑不好下山，又怕會有野獸出現，還來不及試吃白色果子，就匆匆忙忙地下山了。

下山後，大家想著一整天沒看到嫘祖，不知道她今天的身體狀況如何，就直接帶著剛摘著果子去探望她。到了嫘祖家，大家興高采烈地向她分享今天上山採果子的經過，拿出了這個不知名的白色果子來，每個人都分著幾顆，「趕快來試吃看看吧！」

一咬下去後，大家都覺得很失望，因為這種果子既沒味道，又咬不爛，大家咬沒幾下就吐了出來，嫘祖知道這是大家對自己的一片心意，捨不得浪費，把果子拿在手上仔細看了看，又放到嘴裡咬了咬，突然間，她靈光一閃，興奮地說：「這不是果子，雖然不能食用，但是卻很有用處，明天一早，帶我去那片樹林看看。」大家雖然不知道發生什麼事，但看到嫘祖突然有了精神，而且眼中幾乎要發出光芒，都替她感到高興。

第二天早上，嫘祖不顧身體還有些虛弱，要那幾個婦女帶她去山上查看桑樹林，她在桑樹林待了很久，仔細觀察那些白色果子，下山後她跟黃帝說：「我在山上的桑樹林發現一種白色的果子，它其實是白色的蠶蟲吐絲而成，這種絲線雖然柔軟，卻很堅韌，如果可以抽取拿來當做衣服的材料，應該會很不錯。」

於是，黃帝下令保護桑林，等到嫘祖身體痊癒以後，就開始嘗試種桑養蠶，研究如何抽絲剝繭，並教大家用這種絲線紡布。後人為了紀念嫘祖，把她尊稱為「先蠶神」或「先蠶娘娘」，意思是最先教人們種桑養蠶織絲的神。

◆黃帝居軒轅之丘，而娶於西陵之女，是為嫘祖。嫘祖為黃帝正妃，生二子，其後皆有天下。——《史記．五帝本紀》

◆西陵氏之女嫘祖為帝之妃，始教民育蠶，治絲繭以供衣服。——《通鑑外紀》

關於《史記》

作者為西漢史學家司馬遷（約前145~前90），原稱《太史公書》，記載黃帝至漢武帝太初年間共二千五百年的歷史，全書包括本紀、世家、列傳、表、書，是中國第一部紀傳體通史。全書不只寫史，還描寫政治、經濟、天文、地理、音樂、卜卦、祭祀等方面。

關於《通鑑外紀》

作者為北宋史學家劉恕（1032~1078），原名《資治通鑑前紀》，共十卷，劉恕曾助司馬光修《資治通鑑》，卻不滿意《通鑑》文不起上古，只載周威烈王二十三年以後的大事，故本書記載西周共和庚申年（前841），至威烈王二十二年（前404）之間的事。

有此一說

嫘祖成為最早養蠶取絲之人的說法，應該來自歷史上的王后親蠶禮。先秦時，有王后親蠶的禮儀，東漢開始祭祀先蠶，到了北齊、北周時，史料中開始有「先蠶西陵氏神」的記載，宋代以後，更加確立了嫘祖始蠶的說法。

教導農耕的后稷

出自：《史記》

農神后稷姓姬，名棄，出生在稷山，母親叫做姜嫄，是帝嚳的妃子。

傳說有一天，姜嫄獨自到郊外散步，走著走著，發現一個巨人的腳印，她覺得很好奇，想比看看這個腳印比自己的腳大多少，於是脫下鞋子，把腳踩在大腳印上，突然之間，有一股暖流流遍全身上下，她覺得很不可思議，同時又覺得很害怕，急急忙忙地跑回家。當天晚上，姜嫄全身發燙，熱得好像木炭在燃燒一樣，休養了幾天後，身體才慢慢康復，只是沒多久，她發現自己竟然有了身孕。

十個月後，姜嫄產下一名男嬰，她認為這個孩子一定是妖怪，怕他將來會危害人間，想要把他掐死卻又狠不下心，於是把他丟在狹小的巷弄中，想讓他被往來的牛馬踩死，沒想到奇怪的事情發生了，所有從這個巷弄通過的牛馬牲畜，居然都主動地避開這個小嬰兒，大半天過去，小嬰兒毫髮無傷；姜嫄帶著嬰兒到當時發現大腳印的地方，想把他丟棄在郊外，任由他自生自滅，只是一向杳無人煙的荒野，這天突然有好多人經過，每個人看到姜嫄抱著孩子，都稱讚小嬰兒很可愛，讓她找不到機會遺棄小孩；最後，她帶著嬰兒來到已經結冰的河邊，把小孩輕輕地放在河冰上，想讓孩子就這樣凍死，她背對著孩子，怕自己會心軟，所以忍住不去理會孩子的哭聲，沒多久，孩子的哭聲突然停止了，姜嫄急忙轉頭看，只看到有一隻大鳥用自己豐滿的翅膀覆蓋著嬰兒，讓嬰兒不會凍僵，而在大鳥的翼護下，嬰兒居然安靜地睡著了，她覺得這一定是上天的指示，於是把嬰兒抱回家細心撫養，並把他取名為「棄」，表示是原本要遺棄的孩子。

棄小時候看著大人們辛苦地四處打獵、採集野果，生活飄泊不定，心想，如果這些果實、穀物都有固定的地方生長，就不用擔心找不到食物了。於是，他到處觀察各種植物的生長方式，將各種穀物及瓜果的種子收集起來，嘗試著栽種看看，慢慢地掌握了栽種作物的方法，種出的作物比野生採集的更大更飽滿，味道也更香更甜。

他無私地把這些農耕知識傳授給其他人，使人們有了穩定的食物來源，大家都很感謝他，於是棄的名聲越傳越遠，堯帝知道以後，就任命棄擔任農官，負責指導全國的農業生產，還把邰這個地方封給他。

在棄的領導下，全國人民學會農耕技術，大地上到處都是豐收的作物及果實，再也不用辛苦地到處追逐野獸，也不用再吃苦澀的野果，生活漸漸穩定下來。人們很感激棄，尊稱他為「后稷」，意思是「百穀之王」。

◈周后稷，名棄。其母有邰氏女，曰姜原。姜原為帝嚳元妃。姜原出野，見巨人跡，心忻然說，欲踐之，踐之而身動如孕者。居期而生子，以為不祥，棄之隘巷，馬牛過者皆辟不踐；徙置之林中，適會山林多人，遷之；而棄渠中冰上，飛鳥以其翼覆薦之。姜原以為神，遂收養長之。初欲棄之，因名曰棄。棄為兒時，屹如巨人之志。其游戲，好種樹麻、菽，麻、菽美。及為成人，遂好耕農，相地之宜，宜穀者稼穡焉，民皆法則之。帝堯聞之，舉棄為農師，天下得其利，有功。帝舜曰：「棄，黎民始饑，爾后稷播時百穀。」封棄於邰，號曰后稷，別姓姬氏。——《史記・周本紀》

發明文字的倉頡

出自：《淮南子》、《說文解字》序

倉頡是黃帝的史官，負責替黃帝記錄事情，當時沒有文字，他用的是祖先流傳下來的結繩記事方法來記錄，但隨著黃帝成為各部落的領袖，需要處理、記錄的事情愈來愈多，那些大大小小、各式各樣的繩結變得不夠使用，加上時間一久，原本記錄了什麼事情，連倉頡自己也記不清楚。

倉頡覺得很苦惱，希望找出一種新的記事方法，可是思索很久，卻一直沒有頭緒。有一次，倉頡參加一場狩獵活動，在一個岔路遇到幾個老獵人爭執不休，一個老獵人說：「我們應該往右走，那邊有羚羊出沒。」第二個獵人說：「前方不遠處有鹿群，所以我們應該繼續往前走。」第三個獵人卻說：「左邊那條路上有老虎，我們應該趁牠還沒危害其他人以前，先把牠獵殺。」倉頡很疑惑，為什麼獵人們知道前方有什麼動物呢？一問之下，原來獵人們是根據觀察地上的野獸腳印來判斷的，他靈光一閃，「如果一種腳印可以代表一種動物，我是不是也可以用一種符號，來代表一種事物呢？」

狩獵結束回到家以後，倉頡開始閉門研究，嘗試創造各式各樣的符號，表示不同的事物。他依據萬物的形象，畫成各種不同的符號，用這些符號來記錄事情，比原先用繩結記事來得方便而且清楚多了，黃帝知道以後非常高興，要他把這些符號推廣到各個部落去，經過一段時間的努力，慢慢地，各地方都學會了這種符號的用法，倉頡於是幫這種符號取了一個名字，叫做「字」。

相傳倉頡造字成功時，發生很多奇異的事情，當天天空突然下起像雨一樣的粟米，夜晚則是傳出鬼魂哭泣的聲音。有人說，因為文字出現後，人的智慧將會愈來愈高，很多人將會專注於舞文弄墨、投機取巧之事，進而荒廢農耕工作，造成糧食短缺，所以天降麥穀，使人免得飢餓；也有人認為，文字發明後，人們可以用文字記錄、揭發不法的壞事，讓那些做惡的野鬼們感到害怕，於是哭泣起來。

◈昔者倉頡作書，而天雨粟，鬼夜哭。——《淮南子．本經訓》

◈黃帝史官倉頡，見鳥獸蹄迒之跡，知分理之可相別異也，初造書契。……倉頡之初作書，蓋依類象形，故謂之文。——《說文解字》序

關於《說文解字》

東漢文字學家許慎編著，可說是中國最早以部首編排的字書，有系統地分析漢字形、音、義。所收字體以小篆為主，分為五百四十部，共收錄九千三百五十三字，另列古文、籀文等異體字共一千一百六十三字。

娶公主的盤瓠

出自：《搜神記》

在上古的高辛氏時代，有個老婦人住在王宮裡，罹患耳病很久。醫生為她治療，從頭頂挑出一條大如蠶繭的蟲。老婦人把蟲放在葫蘆中，墊上了香草，用盤子蓋著。不久後，蟲變成了有五種顏色毛的狗，老婦人給牠取名叫「盤瓠」，繼續養著牠。

這個時候，戎吳族兵力強盛，數度侵略邊境，國王派軍征討，卻不能取勝。於是公告天下招募能人志士，誰若能取得戎吳將軍的首級，便賞金千斤、封地萬戶，並把小女兒許配給他。沒想到後來居然是盤瓠啣著一個人頭來到王宮，國王仔細審視，正是戎吳將軍的首級，國王一籌莫展不知該如何是好，群臣們都認為：「盤瓠是畜牲，不能享受官俸，也不能娶妻。雖然有功勞，但不適合給予賞賜。」但國王的小女兒聽說了這件事，對國王說：「大王為了國家安危已經做出承諾，現在盤瓠啣來首級，為國除害，這是天意，是一般狗辦不到的事啊！做國王的人謹言慎行，稱霸的人講求信義，不可以因為捨不得女兒，就違背誓言，那樣國家會招來禍端的啊。」國王感到害怕就聽從小女兒的話，讓她嫁給盤瓠。

盤瓠帶著公主登上南山，山中草木茂盛，也鮮少人跡。公主脫下了平日穿的華貴衣裳，繫上了僕人用的頭巾，穿上作粗活用的服裝，跟從盤瓠上山入谷，居住在石洞中。國王悲傷度日，十分想念女兒，但每次派人進山尋找時，就會颳風下雨，甚至山嶺震動，雲色昏暗，看不清山裡的路，派去的人都無功而返，找不到她。過了三年，盤瓠夫婦生下六男六女。盤瓠死後，子女們互相婚配，成為夫妻。他們用樹皮織布，用野草野果當染料，特別喜歡五色的衣服，裁製出來的衣服都有一條尾巴。

後來公主帶著兒女們回家，國王派遣使者迎接他們，那時天上就沒再下雨。國王看見這些孩子們穿的衣服樣式和說的話語都十分不同，吃飯時是蹲坐著的，喜歡待在山野，而不願意住在城內，於是尊重他們的意思，賜他們居住在山林沼澤，稱為「蠻夷」。

◈高辛氏，有老婦人，居於王宮，得耳疾，歷時，醫為挑治，出頂蟲，大如繭。婦人去，後置以瓠籬，覆之以盤，俄爾頂蟲乃化為犬。其文五色，因名盤瓠，遂畜之。

時戎吳強盛，數侵邊境，遣將征討，不能擒勝。乃募天下有能得戎吳將軍首者，贈金千斤，封邑萬戶，又賜以少女。後盤瓠銜得一頭，將造王闕。王診視之，即是戎吳。為之奈何？群臣皆曰：「盤瓠是畜，不可官秩，又不可妻。雖有功，無施也。」少女聞之，啟王曰：「大王既以我許天下矣。盤瓠銜首而來，為國除害，此天命使然，豈狗之智力哉。王者重言，伯者重信，不可以女子微軀，而負明約於天下，國之禍也。」王懼而從之。

令少女從盤瓠，盤瓠將女上南山，草木茂盛，無人行跡。於是女解去衣裳，為僕豎之結，著獨力之衣，隨盤瓠升山，入谷，止於石室之中。王悲思之，遣往視覓，天輒風雨，嶺震，雲晦，往者莫至。蓋經三年，產六男，六女。盤瓠死，後自相配偶，因為夫婦。織績木皮，染以草實。好五色衣服，裁制皆有尾形。後母歸，以語王，王遣使迎諸男女，天不復雨。衣服褊褳，言語侏禽，飲食蹲踞，好山惡都。王順其意，賜以名山，廣澤，號曰「蠻夷」。

有此一說

原始社會的人常以自然物為圖騰（大多是動物），將其當作祖先來尊崇膜拜，認為是該族的標誌與守護神，例如漢族以龍、匈奴以狼、排灣族以百步蛇。

而在族源神話中，則有不少人獸異婚的故事，本篇中的盤瓠就是中國南方瑤族、畬族等少數民族的祖先。

第二部　自然神話

當我們試圖對自然界各種現象提出解釋，日月星辰、山川河泊、風雲雷電、鳥獸蟲魚，都各自有了故事。

與日競走的夸父

出自：《山海經》、《列子》

很久很久以前，在遙遠的北方荒野，有座高聳的大山，山上雲霧繚繞，幾乎快和天一樣高；山裡住著一個大神后土的子孫，叫做夸父。

夸父是個身材高大的巨人，不但力氣大，而且跑得很快，他的耳朵掛著用黃蛇製成的耳環，手上也纏著黃蛇，樣子非常凶猛。

夸父天不怕、地不怕，有天心血來潮，想要和天上的太陽賽跑。他想：「如果我可以追到太陽，一定可以成為傳說。」於是他邁開步伐，一步就是好幾公尺，風在他的耳邊呼嘯而過，夸父始終緊追著太陽不曾停下來休息，眼看追到太陽落下的禺谷這個地方，夸父實在渴到受不了了，只好跑去黃河邊，一口氣喝光了黃河的水，他覺得還喝不夠，又喝了渭水的水，可是還解不了渴，他想再去北方的大湖，但往前跑了幾步以後，覺得又累又渴，實在沒力氣再往前半步，夸父不甘心就這樣輸給太陽，於是用最後的力氣把手上的手杖往太陽奮力丟過去，就倒在半路渴死了。

夸父的手杖沒能射中太陽就落了下來，在屍體血肉的浸潤下，化成了一整片桃花林。夸父沒想到自己竟是第一個，也是最後一個敢向太陽挑戰的人；更沒有想到，雖然自己沒有追上太陽，依然成為傳說。

◆夸父與日逐走，入日；渴，欲得飲，飲於河、渭；河、渭不足，北飲大澤。未至，道渴而死。棄其杖，化為鄧林。——《山海經‧海外北經》

◆大荒之中，有山名曰成都載天。有人珥兩黃蛇，把兩黃蛇，名曰夸父。后土生信，信生夸父。夸父不量力，欲追日景，逮之於禺谷。將飲河而不足也，將走大澤，未至，死於此。——《山海經‧大荒北經》

◆夸父不量力，欲追日影，逐之於隅谷之際。渴欲得飲，赴飲河渭。河渭不足，將走北飲大澤。未至道，渴而死。棄其杖，尸膏肉所浸，生鄧林。鄧林彌廣數千里焉。——《列子‧湯問》

關於《列子》

相傳作者為春秋時鄭國人列禦寇，生卒年不詳。《列子》又名《沖虛真經》，後人懷疑原書已散佚，今存的內容出於晉人之手。唐代時與《道德經》、《莊子》、《文子》並列為道教四部經典。《列子》一書的內容形式多為民間傳說、寓言故事和神話等，並包含深刻的哲學思想。

十日之母羲和

出自：《山海經》、《淮南子》注

很久以前，在東南方的大海外，甘水之間，有一個羲和國。這裡有個叫羲和的女孩子，她長得非常漂亮，嫁給天帝帝俊後，生下了十個太陽。

甘水從東方的甘山上匯流而下，在甘山下積聚，形成甘淵。這個甘淵是羲和給孩子太陽洗澡的地方，因為太陽洗過澡後，甘淵的水就變成熱湯，因此這地方又稱為「湯谷」，湯谷上長著一棵扶桑樹，每一個太陽都是一隻金烏鳥，羲和讓金烏鳥棲息在扶桑樹上，一隻在樹木上方，另外九隻則在扶桑神木下方。

羲和準備了一輛光彩奪目的車子，由六條龍拉著車，她每天親自駕著車，載著太陽從東邊的湯谷出發，一直到西邊的虞泉，然後再載著太陽回家。一個太陽剛回到湯谷，另一個太陽就從扶桑樹上出發。他們輪流為大地帶來光明與溫暖。回家以後，羲和會溫柔地用甘淵的泉水幫孩子洗澡，洗去一整天的風塵。

日復一日，年復一年，羲和用相同的節奏及速度駕車前進，於是天上的月亮與星辰也跟著太陽規律地運行。

◆東南海之外，甘水之間，有羲和之國。有女子名曰羲和，方浴日於甘淵。羲和者，帝俊之妻，生十日。——《山海經．大荒南經》

◆湯谷上有扶木。一日方至，一日方出，皆載於烏。——《山海經．大荒東經》

◆下有湯谷。湯谷上有扶桑，十日所浴，在黑齒北。居水中，有大木，九日居下枝，一日居上枝。——《山海經．海外東經》

◆日乘車，駕以六龍，羲和御之。日至此而薄於虞泉，羲和至此而回。六螭，即六龍也。——東漢高誘注《淮南子》

射日除害的后羿

出自：《山海經》、《楚辭章句》、《淮南子》

傳說在遠古時候，天空有十個太陽，他們都是會釋放光與熱的金烏鳥，是東方天帝帝俊及太陽女神羲和的兒子，一起住在東海遙遠的小島上，島上有一棵高大的扶桑樹，十個太陽就在樹下棲息，每天由一個太陽輪流站在樹的頂端，再飛越天空，照亮大地。

那時候，太陽兄弟們輪流為人間帶來光明、溫暖及歡樂，處處鳥語花香、風調雨順，人們在大地上生活得幸福美滿，每天日出而作，日落而息，萬物一片和諧。

時間一天一天過去，太陽們開始覺得無聊，一天只有一個太陽可以飛上天空，未免也太孤單，而其他九個太陽只能整天窩在扶桑樹下，實在也太悶了。

有一天晚上，十個太陽決定違反天帝交付他們的任務，一起到天空中遨遊，當第二天黎明來臨時，他們一起飛上天空，這樣一來，大地萬物就受不了了，十個太陽同時散發光和熱，到處引發了大火，許多人和動物被燒死，各式植物、作物乾枯，河流、湖泊都被曬乾，水裡的魚蝦也無法生存，整個大地變成了一座煉獄。

那時候的皇帝是堯，他看到百姓如此受苦，非常難過，就向上天祈禱。天帝聽到了堯的祈求，便賜給神射手后羿紅色的寶弓和白色的神箭，命他扶助人間各國，拯救百姓於苦難。

后羿來到人間後，看到人間果然成為一片焦土，莊稼都枯死，人民都沒飯可吃了。后羿匆匆趕到東海邊，看到一群太陽正在天空玩耍，他對這些太陽氣憤不已，於是使出渾身力量，拉滿了弓，接著「嗖」的一聲，只見一支箭破空射出，正中一個太陽，不久，一隻金烏鳥從天空墜落地面。其他太陽開始慌了起來，向四處逃竄，后羿使出拿手絕技連環箭法，一箭接著一箭，完全不讓太陽有機會逃走，就這樣，一隻隻的金烏鳥被射下，只剩最後一個太陽了，大地不再是令人窒息的灼熱，天空也不再是讓人睜不開眼的光芒，后羿拿起最後一支箭，準備了結一切，這時堯阻止了后羿。

他說：「太陽們違反天意，的確該死，但人類還是需要太陽的光與熱，如果把所有的太陽都射下來，大地萬物就無法生存了。」后羿才恍然大悟，放下手中的箭。從此以後，天空只剩一個太陽，不再有其他太陽可以輪班，每天都要按時東升西落，用光輝照耀大地。后羿雖然拯救人類及萬物，立下大功，但因為射殺了天帝之子，被天帝貶到人間，成為凡人。

◆帝俊賜羿彤弓素矰，以扶下國，羿是始去恤下地之百艱。——《山海經．海內經》

◆堯時十日並出，草木焦枯，堯命羿射十日，中其九日，日中九烏皆死，墮其羽翼，故留其一日也。——《楚辭章句》

◆逮至堯之時，十日並出，焦禾稼，殺草木，而民無所食。——《淮南子．本經訓》

偷藥奔月的嫦娥

出自：《淮南子》

后羿射下九個太陽以後，受到老百姓的愛戴，不只把他當成英雄，還推舉他當皇帝。當上皇帝的后羿，開始沉浸在自己的豐功偉業之中，整天只顧著個人的享受，完全不理會老百姓的生活，不只動用大量的人力、物力為自己建造宮殿，造成社會上民不聊生，只要稍微不順他的心意，就會大發雷霆，牽怒底下的人，搞得人心惶惶，怨聲載道，而且后羿還因為擔心有人來搶奪皇帝的位置，變得疑神疑鬼。

為了能永遠當皇帝，求得長生，他去跟西王母娘娘求了兩顆仙藥，據說吃了仙藥之後就可以長生不老。后羿決定找一個良辰吉日，與妻子嫦娥一起服藥。

后羿的妻子嫦娥是一個美麗又善良的女子，看到丈夫當上皇帝獲得權力後，幾乎變了一個人，覺得很擔心；看到百姓在后羿的暴殘統治下，快要無法生活，更是覺得心痛不已。

有一天，后羿很興奮地衝進來告訴嫦娥說：「巫女已經找到最適合吃仙藥的日期，就是下一次滿月的時候，到時候我們兩個就可以一起長生不老了。」嫦娥抬頭看著月亮，心裡憂愁地想：「自從后羿當了皇帝，每天只顧著享受，脾氣愈來愈暴躁，不但不替人民做事，反而把老百姓當成牛馬一樣驅使，如果讓后羿吃下仙藥獲得長生不老，那麼百姓就要永無止盡地受苦了。」她想偷偷把仙藥拿去丟掉，卻苦於后羿藏得很隱密，根本找不到仙藥藏在什麼地方。

日子一天一天過去，眼看月亮愈來愈圓，嫦娥心中的憂慮也一天比一天更深。到了滿月的那天，后羿終於高興地拿出裝著仙藥的瓶子，於是嫦娥準備了豐富的酒菜，她說：「我們就要成為長生不老的神仙了，所以應該趁機先舉杯慶祝一下。」后羿覺得很有道理，也覺得嫦娥的準備很周到，就開心地吃喝起來，嫦娥則是在一旁不斷為后羿斟酒、勸酒，沒過多久，后羿就喝得大醉，趴在桌上睡著了。

嫦娥覺得時機成熟，便悄悄地偷走裝藥的瓶子，把兩粒藥丸倒出來，因為太過緊張，不小心撞了桌子一下，把后羿吵醒。嫦娥作賊心虛，連忙拿著藥丸往門外跑，后羿本來還半醉半醒，還沒搞清楚發生了什麼事，但是看到桌上的空瓶以及看到嫦娥突然往外跑，他好像也明白了什麼，連忙在後面追了出去，一邊大喊著：「嫦娥！你想要獨吞仙藥嗎！」

嫦娥看到后羿追來，心裡著急，「如果被追到，一切就完蛋了。」她拚命往前跑，但不僅無法擺脫后羿，兩人的距離反而愈來愈近，嫦娥情急之下，把兩粒仙藥往嘴巴塞，一口吞到肚子裡。這時候，神奇的事發生了，嫦娥的身體突然變得輕飄飄的，像煙似的飛了起來，她越飛越高，飛向繁星萬點的夜空，向皎潔的明月飛去，從此，嫦娥永遠的住在月宮裡，成為月之女神。

◈羿請不死之藥於西王母，姮娥竊以奔月，悵然有喪，無以續之。──《淮南子．覽冥訓》。東漢高誘注：「姮娥，羿妻，羿請不死之藥於西王母，未及服之，姮娥盜食之，得仙，奔入月中，為月精也。」

有此一說

《山海經．大荒西經》中記載了另一個月神常羲，「有女子方浴月，帝俊妻常羲，生月十有二，此始浴之。」清代有學者根據古代讀音認為嫦娥就是常羲。

《淮南子．精神訓》中說：「日中有踆烏，而月中有蟾蜍。」太陽裡有三足烏，月亮裡有蟾蜍。東漢張衡的天文學著作《靈憲》中說，嫦娥奔月之前還去占卜，得出吉卦，「羿請不死之藥於西王母。姮娥竊之以奔月。將往，枚占於有黃，有黃占之曰『吉，翩翩歸妹，獨將西行，逢天晦芒，毋驚毋恐，後且大昌』，姮娥遂託身於月，是為蟾蜍。」這也是後世將蟾蜍做為月亮代稱的由來。

現今我們說的月神嫦娥，其實原本叫姮娥。漢朝時，因為漢文帝叫劉恆，為了避諱，遂改「姮」為「嫦」。

月上伐桂的吳剛

出自：《酉陽雜俎》

古時候有一個叫吳剛的人，他的身材十分壯碩，力氣無人能比，曾經抱著一棵跟人一樣高的樹，用力大喝一聲，就把整棵樹從土裡連根拔起；除此之外，吳剛也很聰明，只可惜聰明反被聰明誤，他學做什麼事都沒有耐心，一心只想著有什麼抄捷徑的方法，不肯腳踏實地從基礎慢慢學習，最後不管學做什麼事都是半途而廢。

吳剛心中一直幻想著可以有既輕鬆又偉大的事情，他靈光一閃，覺得當神仙好像很不錯，感覺又輕鬆，而且可以得到民眾的敬仰，於是吳剛決心要去學當神仙。

他向人打聽了神仙的住處，經過不斷地長途跋涉以及翻山越嶺之後，終於在一座深山裡，找到一個長著白鬍子的老神仙。吳剛連忙跪下磕頭說：「我走了好遠好遠的路才終於找到這裡，請老神仙收我為徒，教我做神仙的方法。」

老神仙摸著他又白又長的鬍子，把吳剛從頭到腳看了一遍，說：「要當神仙可不容易，得下許多功夫，還要吃很多苦，你能做得嗎？」

吳剛用力點著頭，大力拍著自己的胸脯說：「只要能當神仙，再苦我都不怕。」

老神仙看到吳剛如此誠懇，就說：「要當神仙，首先要學會幫人治病，化解人們身上的病痛，明天你就先跟我一起到山上學採藥吧！」

第二天一大早，吳剛跟著老神仙上山採藥。一連爬了十幾天的山，一路上老神仙不厭其煩地細心向吳剛解說各種藥草的特徵及功效、能治什麼病、要怎麼調配等，吳剛還沒聽完就開始覺得不耐煩，忍不住抱怨：「神仙不是應該逍遙自在？為什麼我們要這麼辛苦地爬山採藥？」老神仙笑著說：「我爬山採藥的時候，只要想到能夠幫助別人，心中就覺得很快樂，一點也不覺得辛苦。」

老神仙看到吳剛臉上還是無法認同的樣子，搖著頭說：「沒關係，我們先不採藥了，我這裡有一本天書，你拿去用心讀一讀，看能不能領悟天地萬物的道理。」吳剛接過天書，問說：「讀完這本天書，就可以當神仙嗎？」老神仙說：「如果能夠領悟天地萬物的道理，離當神仙就不遠了。」

吳剛聽了很高興，每天認真地讀起天書來，只是讀沒幾天，吳剛又讀不下去了，開始打瞌睡，老神仙看到了，搖著頭說：「採藥學醫你覺得沒興趣，研讀天書你也覺得無趣，你想當神仙，到底想做些什麼呢？」吳剛想了一下，說：「我想學飛，最好能飛到月亮上。」

「好吧！」老神仙歎了一口氣說：「我就帶你飛到月亮上，你把眼睛閉上。」接著就帶吳剛往天上飛，沒多久就來到月亮上，吳剛趕緊睜開眼睛看，只見月亮上除了一整片光禿禿的土地，還有一棵很高很高的桂樹，就什麼也沒有了。

吳剛四處看了一下，沒多久就覺得無聊，他對老神仙說：「月亮裡什麼都沒有，一點都不好玩，我們可以回去了。」老神仙說：「剛才我幫助你飛到月亮上，現在你要靠自己的力量飛回去。」

吳剛說：「我不會飛啊，我又不是神仙。」老神仙給了他一把大斧頭，說：「只要用這把斧頭把這棵桂樹砍倒，就可以成仙，可以飛回人間。」

吳剛聽了很高興，說道：「怎麼不早跟我說，我最會砍樹了，我還能徒手把一棵樹連根拔起呢！原來要成仙竟然這麼簡單，看我的。」他拿起斧頭，大喝一聲，就往樹上連砍了三斧頭，砍出一條又深又大的痕跡，他得意地放下斧頭，稍微擦了一下汗，沒想到準備再繼續砍的時候，竟然發現樹幹上被斧頭砍傷的地方都消失不見了。

老神仙哈哈大笑，說：「這棵桂樹又叫做『三百斧頭』，有耐心的人，只要專心地砍三百斧頭，就可以把它砍倒；沒有耐心的人，只要一分心，稍微停下手來，砍出的缺口就會立刻癒合，恢復原狀。」

一向缺乏耐性的吳剛，總是砍沒幾下就忍不住發牢騷，但是只要他一停下來，桂樹馬上重新長好，所以他只能留在月亮上不斷的砍桂樹。

◆月桂，高五百丈，下有一人常砍之，樹創隨合，其人姓吳名剛，西河人。學道有過，常令伐樹。——《酉陽雜俎》

關於《酉陽雜俎》

作者為唐朝文學家段成式（?～863），字柯古。唐代筆記小說集，內容包羅萬象，大體可分博物與志怪兩類，保存了唐朝大量的珍貴史料和逸事，是研究唐人生活和思想的重要文獻。

後代許多學者都推崇這本書的內容及其成就，清代紀曉嵐在《四庫全書總目提要》裡認為，本書雖然多收詭怪不經之談、荒涉無稽之物，但遺文祕笈亦往往參雜於其中，所以歷來談論到此書的人雖然詬病其內容浮誇，卻又不能不旁徵引用，自唐以來推為小說之翹楚……而周作人也曾在《談鬼論》裡提到：「四十前讀段柯古的《酉陽雜俎》，心甚喜之，至今不變……」

天狗吞月的傳說

傳說神射手后羿有一隻黑色的獵犬，名叫黑耳，牠對后羿非常忠心，每當后羿外出打獵時，黑耳一定跟在身邊。對於主人神乎其技般的射箭技術，每次打獵總是滿載而歸，黑耳覺得很驕傲。

后羿為民除害，射下九個太陽，還得到了王母娘娘送他的長生不老靈藥。沒想到，嫦娥居然趁后羿不注意時，偷吃了靈藥，身體變得輕飄飄的，獨自一個人往天空飛去。

原本守在門外的黑耳聽到屋內傳來聲響，警戒著撲進屋子裡，看到裝靈藥的瓶子摔碎在地上，嫦娥正從窗戶飛出去，連忙舔著地上靈藥的殘渣，也跟著從門口追了出去。

剛衝出門口，黑耳也跟在嫦娥的身後飛了起來，又驚訝又憤怒的黑耳不停狂吠，彷彿要嫦娥趕快回來。嫦娥聽見黑耳的吠叫聲，轉頭一看，看到齜牙咧嘴、毛髮直豎的黑耳，一副要把自己生吞似的，嚇得慌忙躲進月亮裡。黑耳一路追趕著嫦娥，身體不斷地變大，眼見嫦娥躲進月亮裡，奮力撲上去，大口一張就把嫦娥連同月亮一起吞進肚子裡。當時天帝與王母娘娘正在蟠桃園賞月，天空突然一片漆黑，原本皎潔的月亮居然憑空消失了，天帝立刻派人去查看發生了什麼事，這才知道月亮被一隻大黑狗給吞掉了，便下令天兵前去捉拿。

沒過多久，黑狗就被帶到天帝和王母娘娘面前，王母娘娘認出這隻黑狗是后羿的獵犬黑耳，要黑耳說明事情發生的經過，明白黑耳對主人忠心耿耿，於是大發慈悲，封黑耳為天狗，負責守護南天門，並要黑耳把月亮和嫦娥吐出來，於是天空重現光明，至於偷吃靈藥的嫦娥，則獨自留在月亮的廣寒宮裡。

一年一會的牛郎織女

出自：《述異記》

在天上銀河的東岸，住著天帝的女兒。她花容月貌、美麗脫俗，卻每天織布縫衣，年復一年地辛勞工作，織成了像雲霧一般輕飄美麗的絲綢衣服。她辛辛苦苦，卻不快樂，也無暇打扮自己。天帝憐憫她小姑獨處，沒有夫婿作伴，便將她許配給銀河西岸放牛的牛郎。但誰知織女出嫁後，貪戀逸樂，再也不回東岸，荒廢了紡織的工作。天帝因此非常生氣，命令她回到河東，規定他們夫妻日後一年只能相會一次。

◈大河之東，有美女麗人，乃天帝之子，機杼女工，年年勞役，織成雲霧絹縑之衣，辛苦殊無歡悅，容貌不暇整理，天帝憐其獨處，嫁與河西牽牛為妻，自此即廢織紝之功，貪歡不歸。帝怒，責歸河東，一年一度相會。——《述異記》

關於《述異記》

作者為南朝梁時文學家任昉（460～508）。六朝志怪故事集，主要記述怪異之事，內容龐雜，有許多故事題材也見於其他古籍。

有此一說

牛郎和織女最早是兩顆星星，即牽牛星和織女星，最早見於《詩經．小雅．大東》，戰國時魏國天文學家石申的《星經》說：「牽牛六星，在天河東，……主犧牲之事。織女三星，在河西北，……天帝之女，……主果蓏絲棉珍寶，……女工善。」到了東漢末年，這兩顆星開始有了人格，產生愛情且結為夫婦。《古詩十九首》：「迢迢牽牛星，皎皎河漢女。纖纖擢素手，札札弄機杼。終日不成章，泣涕零如雨。河漢清且淺，相去復幾許。盈盈一水間，脈脈不得語。」曹植《九詠》注：「牽牛為夫，織女為婦。織女牽牛之星，各處河鼓之旁。七月七日，乃得一會。」

消失的北斗七星

出自：《酉陽雜俎》

唐代高僧一行博覽群書，從沒有不知道的事，他尤其擅長算術，學識深奧廣博，當時的學者沒有人能夠超越他。一行小的時候，家中十分貧困，鄰居中有位王婆婆經常接濟他們家，前前後後共幾十萬錢。到了開元年間，一行承蒙皇帝的敬重禮遇，可以在皇帝面前說任何話而毫無禁忌。一行常常想要報答王婆婆，卻沒有合適的機會。

後來，王婆婆的兒子犯了殺人罪，訴訟的官司還沒了結，王婆婆就找一行求救，一行回答說：「婆婆若是要金銀細軟，我理當用十倍的財物來報答您，但當今是明君執法，這事難以請託，我實在沒有辦法。」王婆婆氣得用手指著一行大罵：「何必結識你這和尚，一點用也沒有！」一行跟在王婆婆後一再向她道歉，王婆婆始終也沒回頭看他一眼。

一行於是心裡有了算計。當時，渾天寺中有數百名工人僕役，一行要他們將他的房間搬空，又搬來了一口大甕。接著偷偷挑選了兩名僕人，交給他們倆一個布袋，對他們說：「在某個街坊的某個角落，有一座荒廢的園子，你們到那兒去潛伏守候著，從午時到黃昏，一定會有東西進到園裡來，一共有七隻，你們要趁其不備把它們全部捉住，若是跑了一隻，回來可要杖打你們！」僕人照著他的吩咐去了。到了黃昏時分，果然有一群豬進了園子，兩個僕人將牠們盡數捕獲回來，一行看了大喜，下令放入甕中，用木蓋蓋上，用泥封好，還用朱砂在上面寫了幾十個梵文。弟子們都不懂他在做什麼。

到了第二天一早，宮中派出的使者前來叩門，緊急召一行進宮。到了便殿，唐玄宗急著問一行說：「太史上奏說昨天夜裡北斗七星不見了，這是什麼預兆呢？大師可有什麼辦法能去邪除惡嗎？」一行回說：「後魏之時，火星曾經不見了。而現在，北斗七星不見了，這可是從來沒有過的事情，是上天給陛下的嚴厲警告呀！一般的老百姓不能安居樂業，天就會降下嚴霜或赤旱千里。倘若能有盛大德行感應上天，那麼星體才會再移位復出。而能最深切感應上天的事，大概就是讓逝世的人得到安葬，讓關押的人獲得釋放吧。佛門認為，瞋怒之心會毀壞一切的善果，慈悲之心則能降伏一切的邪魔。照臣下的偏拙之見，陛下不如大赦天下吧。」

玄宗聽從他的意見，當天晚上，太史上奏說北斗七星中出現一顆了，一連七天，北斗星就全部復原歸位了。

◈僧一行博覽無不知，尤善於數，鉤深藏往，當時學者莫能測。幼時家貧，鄰有王姥，前後濟之數十萬。及一行開元中承上敬遇，言無不可，常思報之。尋王姥兒犯殺人罪，獄未具。姥訪一行求救，一行曰：「姥要金帛，當十倍酬也。明君執法，難以請，曰情求，如何？」王姥戟手大罵曰：「何用識此僧！」一行從而謝之，終不顧。一行心計渾天寺中工役數百，乃命空其室內，徙大甕於中。又密選常住奴二人，授以布囊，謂曰：「某坊某角有廢園，汝向中潛伺，從午至昏，當有物入來。其數七，可盡掩之。失一則杖汝。」奴如言而往。至酉後，果有群豕至，奴悉獲而歸。一行大喜，令置甕中，覆以木蓋，封於六一泥，朱題梵字數寸，其徒莫測。詰朝，中使叩門急召。至便殿，玄宗迎問曰：「太史奏昨夜北斗不見，是何祥也，師有以禳之乎？」一行曰：「後魏時，失熒惑，至今帝車不見，古所無者，天將大警於陛下也。夫匹婦匹夫不得其所，則隕霜赤旱，盛德所感，乃能退舍。感之切者，其在葬枯出係乎？釋門瞋以心壞一切善，慈心降一切魔。如臣曲見，莫若大赦天下。」

玄宗從之。又其夕，太史奏北斗一星見，凡七日而復。成式以此事頗怪，然大傳眾口，不得不著之。

永不相見的參商二星

出自：《左傳》

在遠古時代，有一個叫高辛氏的人，他有好幾個兒子，其中大兒子叫閼伯，從小聰明能幹，從懂事開始，就協助父親工作，並且幫忙照顧其他兄弟，所以得到高辛氏的信賴與重視；四兒子名叫實沈，從小聰明伶俐，反應敏捷，才華洋溢，也很受到高辛氏的疼愛。

按照道理說，一個家庭出現兩個這麼優秀的孩子，應該很高興才對，沒想到卻是悲劇的開始。兩兄弟從小就誰也不服誰，哥哥覺得弟弟應該要聽他的，弟弟卻覺得哥哥只會擺兄長的架子，兩人常為了一點小事意見不合，就吵得不可開交，甚至大打出手，不論高辛氏好言勸說還是嚴厲指責，兩人關係始終不見好轉。

高辛氏本來還期待兩人長大以後會比較懂事，有各自的事業工作以後會比較忙碌，兩兄弟也許就算不能和睦相處，也不至於像仇人一樣；誰知道兩人長大以後情況不但沒有好轉，而且每次只要一見面，總是無緣無故的就吵起架來，而且越吵越烈，甚至大動干戈，任憑旁人怎麼苦口婆心地勸架，就是無法排解兩兄弟的糾紛。

有一次激烈爭吵後，兩兄弟各自放下狠話，要讓對方見不到明天的太陽。當天夜裡，兄弟相殘的畫面在高辛氏的夢中上演，讓高辛氏從夢中驚醒，他非常苦惱，也非常擔心，深怕兩人要是哪天出手不分輕重，總有一天噩夢會成真，早晚會發生永遠無法彌補的憾事。高辛氏知道不能再放任兩人不管，他左思右想：「如果兩人的仇恨無法化解，那麼乾脆把他們分開，最好讓他們離得越遠越好，一輩子都不要再見面，至少他們都可以平安無事。」

下定決心以後，高辛氏前去請求堯帝幫忙，於是堯帝下了一道命令：把哥哥閼伯封在商，把弟弟實沈封在大夏，從此以後，兩兄弟不再見面，避免了骨肉相殘的人倫悲劇。後來兩兄弟死後，哥哥化成天上的商星（心宿，即天蠍座），弟弟化成天上的參星（參宿，即獵戶座），兩顆星星在天空上也是永不相見，從來不會一起出現。

杜甫在〈贈衛八處士〉一詩中說：「人生不相見，動如參與商。」就是指這兩個星宿。

◈「昔高辛氏有二子，伯曰閼伯，季曰實沈，居於曠林，不相能也，日尋干戈，以相征討。后帝不臧，遷閼伯於商丘，主辰，商人是因，故辰為商星；遷實沈於大夏，主參，唐人是因，以服事夏商。」——《左傳‧昭公元年》

關於《左傳》

作者為春秋末期魯國的盲人史學家左丘明，生卒年不詳，相傳他除了《左傳》還寫了《國語》。《左傳》為解釋另一歷史著作《春秋》的作品，全名為《春秋左氏傳》，原名《左氏春秋》，體例為編年體，儒家列為十三經之一。《左傳》與《公羊傳》、《穀梁傳》合稱「春秋三傳」。

應龍與女魃

出自：《述異記》、《山海經》

傳說水蛇經過五百年的修煉，可以進化成蛟龍；蛟龍經過一千年的修煉，可以進化成龍；龍經過五百年的修煉，可以進化成頭上長角的角龍；角龍經過一千年的修煉，可以進化成為有翅膀的應龍。應龍身上有著黃色的鱗片及五彩的羽翼，是龍族的始祖。

當黃帝大戰蚩尤時，請來應龍助陣。應龍有蓄水本領，以大水淹沒蚩尤的陣營；蚩尤的軍隊損失慘重，於是請來風伯和雨師，風伯雨師以彼之道，還之彼身，呼喚狂風暴雨襲擊應龍，一開始這些雨水都被應龍吸納到身體裡，但大雨不停落下，最後超過應龍所能負荷的水量，只能敗陣而退，於是大地成為一片汪洋。黃帝又連忙請來名叫女魃的天女幫忙，這個女魃一身青衣。喜愛乾旱，所到之處草木乾枯，赤旱千里，果然女魃一來，立即驅散風雨，使得風伯、雨師的法術失效，黃帝也趁這個機會打敗蚩尤。

大戰結束以後，應龍隱居在南方的大湖裡，恢後耗盡的元神、元氣，也因此使得南方多雨。在大禹治水的時候，應龍為大禹疏通河道，引導氾濫的洪水，並用他的龍尾畫地，形成現在的長江。應龍功成身退，才重返天界。至於女魃，雖然建了大功，卻因耗盡神力，再也回不到天上，從此留在人間。然而，她所逗留的地方，往往久不下雨，造成旱災，人民為乾旱所困，苦不堪言。幫黃帝管理田地的叔均得知此事，向黃帝報告，黃帝趕忙把女魃安置到赤水之北，這也是北方出現荒漠的原因。女魃時常往南方跑，讓當地出現旱情，想要驅離她的話，便要向她禱告：「神啊！回你的北方去吧！」並且事先清除水道，疏通大小溝渠，據說如此就能得雨。

◈水虺五百年化為蛟，蛟千年化為龍，龍五百年為角龍，千年為應龍。——《述異記》

◈蚩尤作兵伐黃帝，黃帝乃令應龍攻之冀州之野。應龍畜水，蚩尤請風伯雨師，縱大風雨。黃帝乃下天女曰魃，雨止，遂殺蚩尤。魃不得復上，所居不雨。叔均言之帝，後置之赤水之北，叔均乃為田祖。魃時亡之。所欲逐之者，令曰：「神北行！」先除水道，決通溝瀆。——《山海經．大荒北經》

雷公與電母的傳說

在民間傳說中，雷公的職責是分辨人間的是非善惡，並且代天執法，懲奸罰惡，是一個打擊犯罪、除暴安良的天神。雷公的長相是背上長著一對翅膀，有著三隻眼睛，臉像猴子，卻有鳥嘴般的尖嘴巴，腳像老鷹的爪子，左手拿著楔、右手持著槌。從頭到身旁懸掛著五個相連的鼓，雙腳各踩在一個鼓上。

據說在人間有一個孝順的寡婦，丈夫死後與婆婆相依為命，婆婆年老多病，而且雙眼視力退化，看不清楚東西，但這個寡婦總是盡心侍奉，始終不離不棄。這一年，發生大旱災，田裡的農作物枯死大半，糧食嚴重短缺，她心想：「婆婆年紀大了，身體又不好，不能再讓她挨餓、吃苦。」所以她把僅有的白米都留著幫婆婆做飯，自己喝絲瓜種子湯或吃菜根充飢；為了不讓婆婆擔心，每當婆婆招呼她一起吃飯時，她總是說自己吃飽了。有一天，婆婆口渴，但媳婦恰好出門，於是自己到廚房喝水，無意間發現媳婦煮的絲瓜種子湯，才驚覺：「原來媳婦為了把白飯留給我吃，一直委屈自己挨餓。」她十分心疼，決定喝掉絲瓜子湯，讓媳婦吃白米飯，就在這時候，媳婦剛好回來，兩人就搶著喝絲瓜子湯，一不小心，把湯潑到窗外。此時雷公剛好看到，誤以為媳婦浪費食物，而且又虐待婆婆，一怒之下召喚天雷，把她劈死了。

媳婦死後，雷公看到婆婆傷心地號啕大哭，又發現潑在地上的不是白米粥而是絲瓜子湯，覺得事情好像跟自己認為的有所差異，於是找來媳婦的魂魄問明事情的來龍去脈，才知道自己鑄下大錯、誤殺好人，但人死不能復生，為了彌補罪過，連忙帶著女子的魂魄上天見天帝。天帝知道這件事以後，命令雷公娶這個女子為妻，並封她為電母，說：「你的個性太過急躁，為了避免你又誤傷好人，以後在打雷前，都請電母先幫你用寶鏡照清楚是非善惡。」這就是為什麼打雷前，會先看到閃電的由來。

有此一說

我們現在常看到的雷神形象，是明清以後才定型的，早期《山海經·海內東經》中記載：「雷澤中有雷神，龍身而人頭，鼓其腹。」此時的雷神是獸形，拍打腹部發出雷聲。到了漢朝王充《論衡》中，則描述雷神「若力士之容，謂之雷公。使之左手引連鼓，右手推椎，若擊之狀。其意以為雷聲隆隆者，連鼓相扣擊之音也」，說雷神長得像力士，他左手拉著連在一起的鼓，右手舉槌，像要擊鼓的樣子。到了晉朝，《搜神記》記載雷神是「色如丹，目如鏡，毛角長三尺，狀如六畜，似彌猴」，又變成像猴子的獸形，所以明代《西遊記》中說孫悟空是「毛臉雷公嘴」。

清朝耶穌會教士黃伯祿撰寫了一本《集說詮真》，此書藉由批判中國民間信仰中的神話人物來弘揚天主教，書中旁徵博引史料，對儒釋道三家及其他民間信仰體系有深入研究。書裡對雷公的描述：「狀若力士，裸胸袒腹，背插兩翅，額具三目，臉赤如猴，下頦長而銳，足如鷹顫，而爪更厲，左手執楔，右手執槌，作欲擊狀。自頂至傍，環懸連鼓五個，左右盤躡一鼓，稱曰雷公江天君。」成為現今固定的形象。

葉遷韶救雷公得天書

出自：《神仙感遇傳》

唐朝時，信州地區有個叫葉遷韶的人，小時候就開始到山上放牛砍柴為生，有次碰上大雨，他連忙躲在一棵大樹下避雨。忽然聽到一聲巨響，大樹竟然遭到雷擊，樹幹被從中劈開，搖晃一陣後，裂口卻又恢復合起。他驚魂稍定，仔細一看，發現雷公被夾在樹中，十分狼狽。葉遷韶忙找來一塊石頭，塞進樹幹中，雷公才得以脫身。雷公滿面愧色，感激地對他說：「明天請你到這裡來一下吧。」

第二天，葉遷韶又來到那棵樹下，雷公也如約到來，送給他一本畫著符咒的書，說：「你按照這書上說的去做，就可以呼雷喚雨，還可以治病救人。我們兄弟一共有五個，你需要打雷時，對空呼叫『雷大、雷二……』就會有雷聲響起。不過雷五性情剛烈急躁，如果不是危急的事，不要隨便呼喚。」說完便飛走了。從此以後，葉遷韶因為有了這本書，到處行符助人求雨，十分靈驗。

有一次他在吉州市喝醉酒鬧事，被太守派人抓去衙門，準備對他動刑。葉遷韶情急之下，在階下大叫「雷五」，當時吉州地區正逢大旱，天空晴朗無雲，烈日炎炎。此時忽然空中霹靂一聲炸響，所有人紛紛被震倒在地。太守見他有這樣大的神通，忙走下石階將他攙扶起來，以禮相待，請他求雨。葉遷韶當即如法施展，於是雷聲隆隆，雨隨之而降，下了兩天兩夜，解除了旱情。葉遷韶的事蹟因此遠近聞名。

有一次他來到滑州，遇到當地久雨不晴，黃河氾濫成災，當地官民日夜在河堤上防洪，廢寢忘食。葉遷韶便在河岸上豎了一面二尺大小的鐵片，上頭畫了符。於是河水儘管奔湧如山，也不會淹上岸來，而是沿著河道滾滾流去，滑州免除了淹水的洪災，這件事流傳了許多年。

有人患了重病求他治療，他隨便拿筆畫符，寫好送給病人，都能病癒。葉遷韶常在江浙一帶遊歷，愛吃葷腥的東西，也不修道念經，後來，就不知他到什麼地方去了。

◈葉遷韶者，信州人也。幼年采樵，避雨於大樹下，忽見雷公為柎枝所夾，奮飛不得。柎枝雷霹後卻合，遷韶為取石楔開枝間，然後得去，仍愧謝之曰：「約來日，卻至此可也。」

如其言，明日復至樹下，雷公亦來，以墨篆一卷與之曰：「此行之可以致雷雨，袪疾苦，立功救人也。我兄弟五人，要雷聲，喚「雷大」、「雷二」，必即相應。然雷五性剛躁，無危急之事，不可喚之。」自是行符致雨，咸有殊效。

嘗於吉州市中醉，太守擒而責之，欲加淩辱。遷韶於階下大呼「雷五」一聲，時中旱，日光猛熾，便震霹靂一聲，人皆顛沛。太守下階禮接之，請為致雨。信宿大霔，雨澤遂足。因為遠近所傳。

遊滑州時，方久雨，黃河泛，官吏被水，為勞忘其寢。遷韶以鐵 長二尺，作一符，立於河岸之上。水湧溢，堆阜之形，而沿河流下，不敢出其符外。人見墊溺，於今傳之。人有疾請符，不擇筆墨，書而授之，皆得其效。多在江浙間周遊，好啗葷腥，不修道行。後不知所之。——《神仙感遇傳》

關於《神仙感遇傳》

作者為唐末五代道士杜光庭（850~933），現存共七十五條，內容收集古今凡人與神仙感應相遇故事。除了本書，杜光庭還創作了著名傳奇小說《虬髯客傳》。

雨師陳鸞鳳鬥雷公

出自：《傳奇》

唐代元和年間，海康這地方有個叫陳鸞鳳的人，行俠仗義，不懼鬼神，鄉鄰都把他比作「周處」。海康有座雷公廟，當地人都很虔誠的祭拜供奉，但沒想到祈禱祝願過了頭，妖邪妄誕之事也就多了起來。

這地方的人，每年聽到第一聲雷，就得記住這天的天干地支，若十天之內再逢到干支相同的日子，各行各業都得停工，不敢工作，若是有人不信邪犯了禁忌，過不了當夜，必定遭雷擊而死，報應就像回聲般靈驗。當時正逢海康大旱，當地人虔誠祈禱祭祀都不管用。有一天，陳鸞鳳怒氣沖沖的說：「我們家鄉是個雷鄉，但是當神仙的享受如此豐富的祭祀酒食，卻不降福鄉土。莊稼烤焦了，池塘乾涸了，還要這廟幹什麼？」就放火將廟給燒了。

當地還有個風俗，不能將黃魚和豬肉一起吃，否則也會受雷擊而死。陳鸞鳳燒毀了廟，還拿著柴刀站在田野中，大吃大嚼黃魚拌豬肉，等著看會發生什麼事。果然，天空怪雲橫生，惡風四起，急雨撲面而來。陳鸞鳳舉著柴刀往上揮，竟一刀砍斷了雷公的左腿，雷公墜地。它的外形像熊、豬的合體，渾身都是毛，頭上長角，背後長著青色的肉翼，手握著短柄的堅硬石斧，斷腿處鮮血淋漓。頓時雲散雨收。陳鸞鳳這才知道雷公並沒有那麼神奇，急忙跑回家，四處告訴親戚朋友們說：「我把雷公的腿砍斷了，你們快去看！」大家懷著驚恐的心情前去，果然見到斷腿的雷公。陳鸞鳳舉刀就要砍掉雷公的頭，吃它的肉，大家連忙拖住他，說：「雷公是天上的靈物，你只是下界凡人，你要是殺害雷公，一定會連累全鄉居民的。」大家一起拉住他的衣袖，讓他無法施展。不一會兒，陰雲密布，雷聲轟隆，雲層將受傷的雷公和斷腿一起捲去。傾盆大雨從中午下到傍晚，乾枯的禾苗受到滋潤都挺立起來。

然而村民卻害怕因此得罪上天，於是驅逐了陳鸞鳳，不許他返家。他拿著刀走了二十多里，到妻兄家借宿。一到晚上，霹靂不停，天火燒掉了妻兄的房屋。陳鸞鳳又持刀站在庭院中，雷公卻不敢擊他。有人就將他砍傷雷公的事告訴他的妻兄，他又被趕出來。陳鸞鳳只好到和尚住的廟裡避難，廟也被雷擊燒毀。他知道自己無處可以容身，舉著火把，鑽進了鐘乳石洞中安身，雷就再也無法擊到他了，過了三個晚上，他才平安回家。從此以後，只要海康有旱情，當地人就湊錢給陳鸞鳳，拜託他像以前一樣手持柴刀，在田野裡吃黃魚拌豬肉，如此一來就會大雨滂沱，雷卻始終擊不到他。就這樣過了二十多年，大家改稱陳鸞鳳為「雨師」。

到了大和年間，刺史林緒得知此事，召見陳鸞鳳，詢問他來龍去脈。陳鸞鳳說：「我年輕時，內心堅定如鐵石，根本不把鬼神雷電這些放在心上。我寧願捨棄我這條性命，也要搭救千家萬戶。因為，天帝也不會讓雷神為所欲為呀！」後來他把自己的那把柴刀獻給林緒，林緒很讚賞他，還重重賞賜了他。

◈唐元和中，有陳鸞鳳者，海康人也。負氣義，不畏鬼神，鄉黨咸呼為後來周處。海康者，有雷公廟，邑人虔潔祭祀。禱祝既淫，妖妄亦作。邑人每歲聞新雷日，記某甲子。一旬復值斯日，百工不敢動作。犯者不信宿必震死，其應如響。時海康大旱，邑人禱而無應。鸞鳳大怒曰：「我之鄉，乃雷鄉也。為神不福，況受人莫酹如斯，稼穡既焦，陂池已涸，牲牢饗盡，焉用廟為！」遂秉炬爇之。

其風俗，不得以黃魚彘肉，相和食之，亦必震死。是日，鸞鳳持竹炭刀，於野田中，以所忌物相和啖之，將有所伺。果怪雲生，惡風起，迅雷急雨震之。鸞鳳乃以刃上揮，果中雷左股而斷。雷墮地，狀類熊豬，毛角，肉翼青色，手執短柄剛石斧，流血注然，雲雨盡滅。鸞鳳知雷無神，遂馳赴家，告其血屬曰：「吾斷雷之股矣，請觀之。」親愛愕駭，共往視之，果見雷折股而已。又持刀欲斷其頸，齧其肉。為群眾共執之曰：「霆是天上靈物，爾為下界庸人。輒害雷公，必我一鄉受禍。」眾捉衣袂，使鸞鳳奮擊不得。逡巡，復有雲雷，裹其傷者，和斷股而去。沛然雲雨，自午及酉，涸苗皆立矣。

遂被長幼共斥之，不許還舍。於是持刀行二十里，詣舅兄家，及夜，又遭霆震，天火焚其室。復持刀立於庭，雷終不能害。旋有人告其舅兄向來事，又為逐出。復往僧室，亦為霆震，焚爇如前，知無容身處，乃夜秉炬，入於乳穴嵌孔之處，後雷不復能震矣，三暝然後返舍。自後海康每有旱，邑人即醵金與鸞鳳，請依前調二物食之，持刀如前，皆有雲雨滂沱，終不能震。如此二十餘年，俗號鸞鳳為雨師。

至大和中，刺史林緒知其事，召至州，詰其端倪。鸞鳳云：「少壯之時，心如鐵石。鬼神雷電，視之若無當者。願殺一身，請蘇萬姓，即上玄焉能使雷鬼敢騁其凶臆也！」遂獻其刀於緒，厚酬其直。——《傳奇》

關於《傳奇》

作者為唐代文學家裴鉶，生卒年不詳，約唐末時人。本書所載主要是神仙劍俠故事，後代很多戲劇、話本小說皆取材於此。唐人小說會以「傳奇」得名，應該與此書有關。

護花公子崔玄微

出自：《酉陽雜俎》

唐代天寶年間，隱士崔玄微在洛陽城東有一所宅院，崔玄微崇尚道術，服食白朮、蒼朮和茯苓等延年益壽的藥材有三十年了。有一次因為藥物用光了，他帶領道童與僕人到嵩山上採靈芝，過了一年才回來。他的宅院因此長期無人居住，長滿了荒草。

當時，正值春末的夜晚，風清月朗，崔玄微還沒有就寢，獨自一人待在院子裡乘涼，要家裡人無事不要進來打擾。三更後，有一位青衣女子進來對他說：「您在院中呀。我們今天正好和幾位女伴路過，到上東門表姨那兒去，希望暫借此處歇息，方便嗎？」崔玄微應允了。過了一會兒，又來了十幾個人，由那青衣女子引領進來。其中，有個穿綠色衣裳的女子上前自我介紹說：「我姓楊。」指著另一個女子說：「她姓李。」再指著一人說：「這姓陶。」又指著一位穿大紅衣裳的少女說：「她姓石，名叫阿措。」她們各自都有侍女，崔玄微與她們招呼完畢，就坐在月光下，問她們出門要做什麼。她們回答：「我們要到封十八姨那裡去，早幾天她說要來看我們，但一直沒有來，今晚索性我們大夥兒去看她。」

大家還未坐定，門外有人報信說：「封家姨來了！」在座的人又驚又喜地出迎。楊氏說：「這家主人很客氣、好客，這園子寬敞，景致又優美，沒有比這兒更好的地方了。」崔玄微又出來與封氏相見問候，封氏言語態度清朗，氣質沉靜大方，兩人相互揖讓入座。所有的女子都是絕色天姿，滿座都是襲人的芬芳。行令時，大家作歌送酒，玄微只記得其中兩首。有一首是穿紅衣裳的人為穿白衣裳的送酒時作的歌，歌詞是：「皎潔玉顏勝白雪，況乃當年映芳月。沉吟不敢怨春風，自歎容華暗消歇。」又有一首是白衣人做的送酒歌，歌詞是：「絳衣披拂露盈盈，淡染胭脂一朵輕。自恨紅顏留不住，莫怨春風道薄情。」輪到十八姨持杯勸酒時，舉止輕佻，一不小心將酒弄翻，弄髒了阿措的衣裳。阿措臉色一變怒道：「別人奉承你、講好聽話，我可做不到！」說著就拂衣而起。十八姨笑著說：「小女娃兒發酒瘋！」說完就起了身，走出院外，往南邊去了，其他人則往西到花苑中去才各自分開，崔玄微並未察覺出怪異之處。第二天夜裡，女子們又來，說要到十八姨處，石阿措氣憤的說：「何必老要到封老媽家去！有什麼事只管拜託崔處士，大家覺得如何？」大家都非常贊同說：「好好好！」阿措又走上來說：「大夥兒都住在花苑中，經常被惡風騷擾，住得十分不安寧，常常要請求十八姨庇護。昨天，我阿措沒能順從奉迎她，怕是再難得到她的幫助了。處士您倘若能庇護我們，我們也會略盡心力報答您的。」崔玄微說：「我有什麼能力可以幫助大家呢？」阿措說：「只要處士在每年正月初一那天，作一面朱紅色旗子，旗上面畫日、月和金、木、水、火、土五星的圖案，豎在花苑的東面，就可以幫助我們，使我們免於災難。今年已過了時間，但請您在本月二十一日早上，當微微有東風時，還是立上旗子，就可以助我們免於災難了。」崔玄微就同意了。女子們齊聲答謝說：「您的大恩大德，我們銘記在心！」然後各自拜謝離去。崔玄微在月色中相送，穿越了花苑圍牆，進入苑中，女子們就又都不見了。後來崔玄微就照阿措的話去做，在那時候立上了旗子。

這天，東風大作，震得地都晃動了。洛陽以南一帶，飛沙走石，樹木也折倒了許多。但崔家花苑中盛開的花朵卻動也沒動一下。崔玄微這才恍然大悟，這些女子說他們姓楊或姓李，姿色如此出眾，衣服又這麼奇異，原來她們都是花的精靈。穿大紅衣裳的叫阿措，那是石榴；封十八姨，其實是指風神。幾天後的夜晚，她們一群女子又再度來到院裡深表感謝，各自帶了桃花、李花等好幾斗，向崔玄微說：「吃這些花可以延年益壽，防止衰老。希望您繼續長住在此地，護衛著我們，您就可以長生不老。」

到了元和初年，崔玄微還活在世上，看上去卻像是三十多歲的人一樣年輕。

◈唐天寶中，處士崔玄微洛東有宅。耽道，餌朮及茯苓三十載。因藥盡，領僮僕輩入嵩山採芝，一年方回。宅中無人，蒿萊滿院。時春季夜間，風清月朗，不睡。獨處一院，家人無故輒不到。三更後，有一青衣云：「君在院中也，今欲與一兩女伴過，至上東門表姨處。蹔借此歇。可乎。玄微許之。須臾。乃有十餘人。青衣引入。有綠裳者前曰：「某姓楊。」指一人。曰李氏。又一人。曰陶氏。又指一緋小女。曰姓石名阿措。各有侍女輩。玄微相見畢，乃坐於月下，問行出之由。對曰：「欲到封十八姨。數日云欲來相看，不得。今夕眾往看之。

坐未定，門外報封家姨來也。坐皆驚喜出迎。楊氏云：「主人甚賢，只此從容不惡，諸亦未勝於此也。」玄微又出見封氏。言詞泠泠。有林下風氣。遂揖入坐。色皆殊絕，滿座芳香，馥馥襲人。諸人命酒，各歌以送之。玄微誌其二焉。有紅裳人與白衣送酒，歌曰：「皎潔玉顏勝白雪，況乃當年對芳月。沉吟不敢怨春風。自歎容華暗消歇。」又白衣人送酒，歌曰：「絳衣披拂露盈盈，淡染胭脂一朵輕。自恨紅顏留不住，莫怨春風道薄情。」至十八姨持盞，性頗輕佻，翻酒汙阿措衣。阿措作色曰：「諸人即奉求。余即不知奉求耳。」拂衣而起。十八姨曰：「小女弄酒」。皆起。至門外別。十八姨南去。諸人西入苑中而別。玄微亦不知異。明夜又來云：「欲往十八姨處。」阿措怒曰：「何用更去封嫗舍，有事只求處士，不知可乎。」阿措又言曰：「諸侶皆住苑中，每歲多被惡風所撓，居止不安，常求十八姨相庇。昨阿措不能依廻。應難取力。處士倘不阻見庇，亦有微報耳。」玄微曰：「某有何力，得及諸女。」阿措曰：「但處士每歲歲日，與作一朱幡，上圖日月五星之文，於苑東立之，則免難矣。今歲已過，但請至此月二十一日，平旦微有東風，即立之。庶夫免患也。」玄微許之。乃齊聲謝曰：「不敢忘德。」拜而去。玄微於月中隨而送之。踰苑墻，乃入苑中，各失所在。

依其言，至此日立幡。是日東風振地，自洛南折樹飛沙，而苑中繁花不動。玄微乃悟。諸女曰姓楊李陶，及衣服顏色之異。皆 花之精也。緋衣名阿措，即安石榴也。封十八姨，乃風神也。後數夜，楊氏輩復至媿謝。各裹桃李花數斗，勸崔生服之，可延年却老。願長如此住衛護某等，亦可致長生。至元和初，玄微猶在，可稱年三十許人。——《酉陽雜俎》

有此一說

《酉陽雜俎》中記載的崔玄微故事甚是著名，為歷代志怪選集所收，最後在明朝末年被馮夢龍演繹編入《醒世恆言》，改題為〈灌園叟晚逢仙女〉。故事裡的封十八姨即是風神，中國神話裡另有一個風神叫飛廉，出自《楚辭．離騷》：「前望舒使先驅兮，後飛廉使奔屬。」王逸注解說：「飛廉，風伯也。」長相為鳥身鹿頭，或者鳥頭鹿身。

姑獲鳥的羽衣

出自：《玄中記》

姑獲鳥是一種夜晚飛翔，白天躲藏，像是鬼神一樣的飛禽。她穿上羽衣時是飛鳥，脫掉羽衣就變成女人的樣子。她的名字叫天帝少女，又稱為夜行遊女、鉤星、隱飛。這種鳥沒有子女，喜歡搶奪人間的小孩，把他們當成自己的子女養育。很多民間傳說有提到，晚上不要把小孩子的衣服晾曬在屋外，就是因為這種鳥會用血點在小孩的衣服上做標記，然後就奪走這個小孩。因此，世人替這種鳥取名叫「鬼鳥」。這種鳥在荊州這個地方很常見。

◈姑獲鳥，夜飛晝藏，蓋鬼神類。衣毛為鳥，脫毛為女人。名為天帝少女，一名夜行游女，一名釣星，一名隱飛鳥。無子，喜取人子，養之以為子。人養小兒，不

可露其衣，此鳥度即取兒也。荊州為多。——《玄中記》

關於《玄中記》

作者相傳為晉學者郭璞（276～324）。六朝志怪故事集，內容多為神話、精怪異獸、奇境異聞等。全書已佚，清代學者和魯迅的《古小說鉤沉》有輯文。

有此一說

郭璞博學多聞，對經術玄學很有興趣，且精通陰陽五行卜筮之術，當時丞相王導的堂兄王敦手握兵權，想起兵推翻晉明帝，就召郭璞來為他占卜。王敦問郭璞說：「我昨夜夢見自己在石頭城外的江中扶犁耕田，請你幫我占一卦？」郭璞說：「在大江裡耕田，就是不能造反的意思，如果你一定要造反的話，是不會成功的。」王敦聽了大怒，又問郭璞：「那你算算，你能活到什麼時候？」郭璞說：「我的大限就在今日！」於是王敦就殺了郭璞。

化身杜鵑的杜宇

出自：《蜀王本紀》、《華陽國志》

傳說古代的蜀國的國王叫杜宇，治理汶山下一個名叫陴的地方。他很能幹，而且勤政愛民，教導百姓耕種，使大家能夠有比較安定的生活，老百姓都非常愛戴他，尊稱他為「望帝」，意思是說，他是老百姓所期望的帝王。

蜀國所處的位置，是古代的四川盆地，每當川西雪山上的冰雪融化時，大量的雪水無處宣洩，於是造成盆地內洪水橫流，蜀地人民終年在水患中掙扎。杜宇雖然竭盡心力，帶領人民上山躲避，但治標不治本，依然不能平息水災，杜宇因此憂心忡忡。

當時荊楚有個叫鱉靈的人，死後屍身不見了，人們尋找了很久也沒有找到。鱉靈的屍身隨著江水逆流而上到達陴地，然後就活過來了。杜宇聽說了這件事，就把鱉靈找來相見，杜宇見了他之後，發現這個人談吐不凡，是個不可多得的人才，感到非常高興，於是任命他擔任宰相。鱉靈上任之後，主持政務，將蜀地治理得更好，於是，望帝令鱉靈去治理常年困擾著蜀地百姓的洪水。

鱉靈走訪各地，仔細研究四川盆地的地形、地勢，了解洪水淤塞的原因，決定鑿開巫山的峽谷，讓洪水能夠從峽谷宣洩而出，不再氾濫成災。他率領國內的壯丁，在巫山一帶開鑿石壁，經過好幾年的努力，終於將巫峽開鑿暢通，使得大水從巫峽順勢流出，形成滾滾東流的長江，一路流到雲夢大澤。

為了治水，鱉靈不辭辛勞，廢寢忘食，終於化解多年來百姓的心頭大患，使百姓得以安居樂業。然而就在他治水期間，望帝卻和鱉靈的妻子有染，當鱉靈凱旋回到都城時，望帝看到他，感到非常慚愧，覺得自己德行不如鱉靈，不配為王，便主動把王位禪讓給他，自己則是到西山隱居修道。

杜宇死後，他的魂魄思念蜀國家鄉，於是化身為鵑鳥，不分晝夜地哀鳴，聲音淒切，好像在叫著「不如歸去——」，表達對家鄉的思念，人們為了紀念杜宇，就把這種鵑鳥叫做「杜鵑」。此外，杜宇始終沒有忘記他的人民，每到初春二月的時候，就會不斷地在山中呼喊著「布穀——布穀」，叮嚀百姓下田播種，因此人們又稱杜鵑鳥為「布穀鳥」。

◈時蜀民稀少，後有一男子名曰杜宇，從天墮，止朱提，有一女子名利，從江源井中出，為杜宇妻，乃自立為蜀王，號曰望帝，治汶山下邑曰郫，化民往往復出。望帝積百餘歲，荊有一人名鱉靈，其尸亡去，荊人求之不得，隨江水上至郫，遂活，與望帝相見。望帝以鱉靈為相。時玉山出水，若堯之洪水，望帝不能治，使鱉靈決玉山，民得安處。鱉靈治水去後，望帝與其妻通，慚愧，自以德薄，不如鱉靈，乃委國授之而去，如堯之禪舜。鱉靈即位，號曰開明帝；帝生盧保，亦號開明。望帝去時，子鳺鳴，故蜀人悲子鳺鳴而思望帝：望帝，杜宇也。——《蜀王本紀》

◈後有王曰杜宇，教民務農，一號杜主。時朱提有梁氏女利，游江源。宇悅之，納以為妃。移治郫邑，或治瞿上。國稱王，杜宇稱帝，號曰望帝，更名蒲卑。自以功德高諸王。……會有水災，其相開明，決玉壘山以除水害。帝遂委以政事，法堯舜禪授之義，禪位於開明，帝升西山隱焉。時適二月，子鵑鳥鳴。故蜀人悲子鵑鳥鳴也。巴亦化其教而力農務。迄今巴蜀民農，時先祀杜主君。——《華陽國志．蜀志》

關於《蜀王本紀》

據稱是西漢時蜀地文學家揚雄（前53～前18）編撰的一本蜀地編年史著作，原書已佚。記錄了古蜀君主蠶叢、柏灌、魚鳧、杜宇、鱉靈等人的相關神話，以及五丁開山、秦惠王伐蜀、老子出關、李冰治水等故事。

關於《華陽國志》

作者為東晉史學家常璩（約291～約361），又名《華陽國記》，是一部專門記述古代中國西南地區地方歷史、地理、人物等的地方志著作，時間從遠古開始，一直記到晉永和三年。

第三部　英雄神話

為了生活，先民勇敢與大自然對抗，
他們或成為帝王領袖，或只是平凡人，
但都是造福人民的英雄。

大戰蚩尤的黃帝

出自：《國語》、《山海經》、《龍魚河圖》、《古今注》、《史記》

好幾千年前，中國的黃河及長江流域附近，有著許多大大小小的氏族與部落，其中黃帝是北方黃河流域最大的部落軒轅氏的領袖，而蚩尤則是南方長江流域九黎族的首領。蚩尤的九黎族人非常強悍，常常侵略周圍的部落，這些部落被蚩尤打敗了，就向黃帝救助。黃帝早就聽說蚩尤的厲害，也希望能夠除去這個威脅，於是聯合其他部落，在涿鹿這個地方與蚩尤展開一場大戰。

傳說蚩尤有八十一個兄弟，每個都是人面獸身、銅頭鐵臂，勇猛無比，所以大戰剛開始的時候，雖然黃帝的聯軍聲勢浩大，卻節節敗退，難以力敵，黃帝連忙請了水神應龍來助陣，應龍對著蚩尤的軍隊噴出大水，使蚩尤的部隊無法前進；蚩尤見狀，也找來風伯和雨師來幫忙，瞬間烏雲密布，狂風大作，緊接著雷電交加，一場暴風雨襲擊黃帝的軍隊，力壓應龍所召的大水，整個黃帝軍淹在洪水裡，士兵們叫苦連天；黃帝眼看情況不對，也不甘示弱，請來天上的旱神女魃幫忙，女魃一現身，立即驅散風雨，豔陽高照，使得局勢扭轉，讓黃帝軍取得領先的優勢。

黃帝為了乘勝追擊，又採用九天玄女的建議，命人到東海中的流波山，捕捉神獸夔牛，用牠的皮製成八十面夔牛鼓。黃帝命人在大軍前進時敲打夔牛鼓，頓時雷聲轟動，彷彿天崩地裂，鼓聲傳達五百里，嚇得蚩尤軍隊魂飛魄散，失去戰鬥意志；蚩尤不願束手就擒，立即召喚濃霧，使黃帝軍隊伸手不見五指，無法分辨東西南北，不僅讓蚩尤的部隊趁亂脫困，還因為大霧之中難分敵我，造成自相殘殺，折損不少軍隊。

在大霧中困了幾天以後，黃帝打造出一輛指南車為大軍指引方向，成功從濃霧中脫困；蚩尤沒有料想到黃帝居然這麼快就破了他的大霧，被打得措手不及，最後與他的兄弟們遭到黃帝軍擒殺，也為這場涿鹿大戰劃上句點。

因為蚩尤的勇猛形象早已深植人心，蚩尤死後，黃帝找人把他的模樣畫在旗幟上，每當戰爭發生的時候，就懸掛起蚩尤旗，看著上面青面獠牙、眼露凶光、殘暴驃悍的蚩尤，敵人往往聞風喪膽，不久，反抗黃帝的部落愈來愈少，大家共同推舉黃帝為天下的共主，成為所有部落的首領。

◆九黎，蚩尤之徒也。——《國語．楚語》注。

◆蚩尤作兵伐黃帝。黃帝乃令應龍攻之冀州之野。應龍畜水。蚩尤請風伯雨師，縱大風雨。黃帝乃下天女曰魃，雨止，遂殺蚩尤。」——《山海經．大荒北經》

◆東海中有流波山，入海七千里。其上有獸，狀如牛，蒼身而無角，一足，出入水則必風雨，其光如日月，其聲如雷，其名曰夔。黃帝得之，以其皮為鼓，橛以雷獸之骨，聲聞五百里，以威天下。——《山海經．大荒東經》

◆黃帝時，有蚩尤，兄弟八十一人，並獸身人語，銅頭鐵額，食沙石子，造立兵杖，刀戟大弩，威振天下，誅殺無道，不仁慈，萬民欲令黃帝行天下事，黃帝仁義，不能禁蚩尤，黃帝仰天而嘆，天遣玄女下，授黃帝兵信神符，制伏蚩尤，帝因使之主兵，以制八方，蚩尤沒後，天下復擾亂，黃帝遂畫蚩尤形像，以威天下，天下咸謂蚩尤不死，八方萬邦，皆為弭伏。——《龍魚河圖》

◆大駕指南車，起黃帝與蚩尤戰於涿鹿之野。蚩尤作大霧，兵士皆迷。於是作指南車以示四方，遂擒蚩尤而即帝位。——《古今注》

◆軒轅之時，神農氏世衰。諸侯相侵伐，暴虐百姓，而神農氏弗能征。於是軒轅乃慣用干戈，以征不享，諸侯咸來賓從。而蚩尤最為暴，莫能伐。炎帝欲侵陵諸侯，諸侯咸歸軒轅。軒轅乃修德振兵，治五氣，蓺五種，撫萬民，度四方，教熊羆貔貅貙虎，以與炎帝戰於阪泉之野。三戰，然後得其志。蚩尤作亂，不用帝命。於是黃帝乃征師諸侯，與蚩尤戰於涿鹿之野，遂禽殺蚩尤。而諸侯咸尊軒轅為天子，代神農氏，是為黃帝。天下有不順者，黃帝從而征之，平者去之，披山通道，未嘗寧居。——《史記・五帝本紀》

關於《國語》

相傳作者為為春秋末期魯國的盲人史學家左丘明，但後世學者認為此書可能是集體創作。《國語》是中國第一部國別史，共二十一卷，記錄周朝王室和魯、齊、晉、鄭、楚、吳、越等諸侯國之歷史。自周穆王伐大戎開始（約前947），到韓、趙、魏三家滅智伯（前453）結束。

關於《古今注》

作者為西晉學者崔豹，生卒年不詳。內容為解釋古代和當時的各類事物，並加以考證，包括車駕、服飾、城市、音樂、動物、植物等，共三卷。

關於《龍魚河圖》

作者不詳，是漢代緯書之一，原書已佚，古籍中多所引用。內容駁雜，有神話傳說、天文占驗以及巫術等。

鳥國之王少昊

出自：《拾遺記》、《左傳》、《山海經》、《呂氏春秋》

西方天帝叫做少昊，據說他的母親是天上負責紡織的仙女，名叫皇娥。她用五色的絲線織布，織出來的錦緞，美得就像天空中光彩奪目的雲霞，所有的天神、仙女都非常喜歡。有時候織布織累了，皇娥會獨自划著一艘小船，悠閒地在浩瀚的銀河中飄蕩。

有一天，皇娥駕著小船，來到了西海邊的窮桑。窮桑是一棵有八百丈高的大桑樹，有著火紅的樹葉，一萬年才結一次果，結出來的果實又大又甜，吃了可與天地同壽。在銀河畔的窮桑下，皇娥偶然遇到一個風度翩翩、英美俊俏的少年，他是白帝的兒子金星，兩人一見鍾情，陷入愛河，並且互許終身。一年之後，皇娥與金星有了愛的結晶，生下少昊。因為少昊是金星的兒子，所以稱做「金天氏」；又因為父母是在窮桑下相識，因此又稱「窮桑氏」；少昊誕生的時候，天空中飛來紅、黃、青、白、玄五隻不同顏色的鳳凰，環繞在他身邊鳴叫，因此他也被稱為「鳳鳥氏」，並取名「鷙」。

少昊長大以後，用鳥當做圖騰，在東海之濱建立了一個鳥的王國，以百鳥飛禽出任文武官員，並根據不同鳥類的特點安排分工：鳳凰通天時、曉福瑞，負責總管百鳥，頒布曆法。鳳凰之下，設置治民五官，剽悍凶猛的魚鷹擔任司馬，主管軍事兵權；孝敬父母的鶉鴣擔任司徒，主管教育教化；公平公正的布穀鳥擔任司空，主管水利及營建工程；威嚴正直的蒼鷹擔任司寇，主管法律刑獄；熱心助人的斑鳩擔任司事，主管修繕器物。

此外，他還任用「五雉鳥」分別掌管金工、木工、陶藝、皮革、染布等手工業；用「九扈鳥」分管農業上的耕種、收穫等事項；讓燕子掌管春天、讓伯勞掌管夏天、讓鶯雀掌管秋天、讓錦雞掌管冬天。

於是鳥盡其才，各司其職，把鳥的王國治理得井然有序，大家無不佩服少昊的智慧和德政。天帝看到鳥的王國如此和平安詳，居民們都能安居樂業，於是封少昊象徵金德的西方之帝，請他向西遷徙，協助治理西方大地。少昊告別百鳥，派遣人面鳥身的大兒子春神句芒前往東方，擔任東帝伏羲的屬神；自己帶著人臉虎爪、乘坐雙龍的小兒子蓐收來到西方坐鎮。

少昊總計在位八十四年，活了百歲之後駕崩。

◆少昊以金德王。母曰皇娥，處璇宮而夜織。或乘桴木而晝游，經歷窮桑滄茫之浦。時有神童，容貌絕俗，稱為白帝之子，即太白之精，降乎水際，與皇娥宴戲，奏便娟之樂，游漾忘歸。窮桑者，西海之濱，有孤桑之樹，直上千尋，葉紅椹紫，萬歲一實，食之後天而老。……及皇娥生少昊，號曰窮桑氏，亦曰桑丘氏。至六國時，桑丘子著陰陽書，即其餘裔也。少昊以主西方，一號金天氏，亦曰金窮氏。——《拾遺記》

◆少皞，摯之立也，鳳鳥適至，故紀於鳥，為鳥師而鳥名，鳳鳥氏歷正也，玄鳥氏司分者也，伯趙氏司至者也，青鳥氏司啟者也，丹鳥氏司閉者也，祝鳩氏司徒也，鴡鳩氏司馬也，鳲鳩氏司空也，爽鳩氏司寇也，鶻鳩氏司事也，五鳩，鳩民者也，五雉為五工正，利器用，正度量，夷民者也。——《左傳・昭公十七年》

◆東方句芒，鳥身人面，乘兩龍。——《山海經・海外東經》

◆西方蓐收，左耳有蛇，乘兩龍。——《山海經・海外西經》

◆太皞，伏羲氏，以木德王天下之號，死祀於東方，為木德之帝。句芒，少皞氏之裔子曰重，佐木德之帝，死為木官之神。——東漢高誘注《呂氏春秋・孟春》

關於《呂氏春秋》

戰國末年秦國丞相呂不韋（？～前235）召集門客集體編纂的雜家著作，也稱為「呂覽」。內容以儒、道為主，綜合九流百家之說，共二十六卷。有東漢高誘注。

有此一說

少昊，也叫作少皞，關於他的身世有多種說法，《史記・五帝本紀》中說他是黃帝之子，母親是嫘祖，他叫作玄囂，又稱青陽氏。《帝王世紀》則說：「少昊帝名摯，字青陽，姬姓也。母曰女節。黃帝時有大星如虹，下流華渚。女節夢接意感，生少昊，是為玄囂。」

斬斷天梯的顓頊

出自：《帝王世紀》、《史記》、《淮南子》、《國語》

據說顓頊是黃帝的孫子，顓頊的母親叫做女樞，有一天看到瑤光星貫月的異象，心中有所感應而懷了身孕，後來便在若水生下了顓頊。顓頊十歲的時候曾前往東海之濱的鳥國，跟著叔父少昊學習治理的方法，二十歲的時候登上帝位，在窮桑建都，後來遷到商丘，在位七十八年，活到九十八歲去世。

顓頊即位後，嚴格遵循軒轅黃帝的政策行事，使社會安定太平。顓頊根據不同的地域條件教民耕種，發展生產；又觀測天象，創造顓頊曆，依照日月運行而定四時；並制定出各種禮儀制度來教化人民，按時祭祀祖先和天地鬼神；還設立中央行政機關，強化對地方的管理，並廣布華夏族的教化，促進族與族之間的融合。

在古代，天空與大地之間，有天梯相連，天梯是一棵名叫「建木」的聖樹，生長在黑水都廣，有百仞之高，紫褐色的樹幹直直地插進九霄天空，建木作為天地的中心，既是眾神上天的途徑，也是巫覡上達民情、下宣神旨的管道。巫覡是人類與天神之間的信使，男性叫覡，女性稱巫，負責為雙方傳遞資訊。然而，後來蚩尤的九黎部落作亂，老百姓就直接到天神那裡去告狀，神也到人間來，造成「民神雜揉」的亂世。人與神的溝通不是靠專業的神職人員，變成人人皆為巫覡。

顓頊知道以後，非常生氣，覺得有必要出手整頓，於是派遣重和黎這兩個大力神去把天梯撤掉，斷絕天地間的通路。重和黎接下命令，用盡全身的力量，一個在建木之上用力拉，一個抱住建木根部使勁拔，足足花了七天七夜，終於將建木連根拔起。於是連接天地的天梯就此斷絕；除此之外，重還用兩手托著天，黎則是用雙掌按著地，兩人大喝一聲，同時發力，於是天漸漸上升，地漸漸下沉，本來相隔不遠的天與地，就成了相望而遙不可及的兩端，高山、巨木再高，也無法抵達天界了。

從此以後，人類不能再憑著一己之力登天，但還是可以通過祈禱來請求天神的賜福與幫助，而天神和人間的秩序也因此得以各自平穩地維持下去。

◆顓頊，黃帝之孫，昌意之子，姬姓也。母曰景僕，蜀山氏女，為昌意正妃，謂之女樞。金天氏之末，瑤光之星，貫月如虹，感女樞幽房這宮，生顓頊於若水。首戴干戈，有聖德。生十年而佐少昊，十二而冠，二十登帝位。……始都窮桑。後徙商丘。在位七十八年，年九十八歲。——《帝王世紀》

◆帝顓頊高陽者，黃帝之孫而昌意之子也。靜淵以有謀，疏通而知事；養材以任地，載時以象天，依鬼神以制義，治氣以教化，絜誠以祭祀。——《史記・五帝本紀》

◆建木在都廣，眾帝所自上下，日中無景，呼而無響，蓋天地之中也。——《淮南子・地形篇》

◆古者民神不雜。民之精爽不攜貳者，而又能齊肅衷正，其智能上下比義，其聖能光遠宣朗，其明能光照之，其聰能聽徹之，如是則明神降之，在男曰覡，在女曰巫。……及少皞之衰也，九黎亂德，民神雜糅，不可方物。……顓頊受之，乃命南正重司天以屬神，命北正黎司地以屬民，使復舊常，無相侵瀆，是謂絕地天通。——《國語・楚語》

鳥首猴身的帝嚳

出自：《史記》

傳說帝嚳姓姬，名俊，是黃帝曾孫，從小就聰明絕頂，非常有才幹，十五歲就輔佐叔父顓頊治理天下，因功受封在「辛」這個地方。

那時候「辛」常常發生水災，百姓們飽受洪水的威脅，每當洪水一來，人們只能四處遷徙，無法長期定居。帝嚳上任後，帶領大家推土奠基，把住處的地勢加高，然而土地加高的速度卻趕不上洪水暴漲的速度，一下子又被水淹沒了。帝嚳半夜睡不著，跑到天上跟天帝理論：「上天既然生了人，為什麼又故意與人們為難，讓人活不下去呢？」天帝被他的氣勢感動，便派天神把「辛」的地勢抬高到水面上，從此就不用再擔心水災侵襲了。「辛」便被人們稱為「高辛」，帝嚳也被稱為「高辛氏」。

顓頊駕崩後，由帝嚳繼位為帝，當時的帝嚳三十歲。

相傳帝嚳的外貌很奇特，有著鳥的頭，像猴子一樣的身體，頭上還有兩支角。雖然模樣怪異，但帝嚳是一位好帝王，他以仁愛治國，生活儉樸；他廣施恩惠，講究信譽；他了解民間的疾苦，對天下人都一律平等；他順應自然規律，又恭敬地祭祀天地鬼神，祈求神靈降福萬民；他的德行崇高，深受百姓的愛戴，在他的治理下，社會富足，人民安居樂業。

除了在文治方面有著卓著的表現，帝嚳在武功方面也取得極大成績。在帝嚳剛登上帝位時，驩兜、三苗、鯀相、共工等四凶聯合起來作亂，而以共工為四凶之首。共工氏雖然曾經敗給顓頊，但仍有著一定的勢力，趁著帝嚳新即位，政局未穩，於是發起游擊戰，不斷騷擾地方。帝嚳命令火正黎帶兵攻打共工，結果黎損兵折將，大敗而回；帝嚳於是處死了黎，改任命黎的弟弟吳回繼任火正，再次領兵出征。吳回在黃河邊與共工浴血奮戰三百天，終於擒殺共工，徹底平定了四凶之亂，其餘各蠻荒部落也相繼臣服歸順，從此天下太平。

帝嚳有四個妻子，分別生下四個兒子，四個兒子都很有成就：姜嫄生農神后稷，成為周族祖先；簡狄生契，成為商族祖先；常儀生摯，後來繼承帝嚳登上帝位；慶都生放勳，也就是帝堯。

帝嚳活到一百零五歲的高壽，駕崩之後，四個兒子中最聰明的摯即位，九年後，帝摯再傳給弟弟放勳，也就是堯帝。

◆帝嚳高辛者，黃帝之曾孫也。高辛父曰蟜極，蟜極父曰玄囂，玄囂父曰黃帝。自玄囂與蟜極皆不得在位，至高辛即帝位。……高辛生而神靈，自言其名。普施利物，不於其身。聰以知遠，明以察微。順天之義，知民之急。仁而威，惠而信，修身而天下服。取地之財而節用之，撫教萬民而利誨之，歷日月而迎送之，明鬼神而敬事之。其色郁郁，其德嶷嶷。其動也時，其服也士。帝嚳溉執中而遍天下，日月所照，風雨所至，莫不從服。帝嚳娶陳鋒氏女，生放勛。娶娵訾氏女，生摯。帝嚳崩，而摯代立。帝摯立，不善，而弟放勛立，是為帝堯。——《史記・五帝本紀》

◆共工氏作亂，帝嚳使重黎誅之而不盡。帝乃以庚寅日誅重黎，而以其弟吳回為重黎後，復居火正，為祝融。——《史記・楚世家》

有此一說

中國神話故事有個特殊之處，那就是在不同古籍中，不同人可能有同樣的事蹟，或者一個神話人物分化為幾個角色，這是因為中國一直有神話歷史化的現象，加上記錄者可能基於政治原因或教化需求，使得神話在演變的過程中變得複雜，甚至產生矛盾之處。根據後世學者考證，有人認為帝俊、帝嚳和舜是同一位，然而帝俊是《山海經》裡記載的天帝，保留了比較多神異事蹟，帝嚳和舜則比較偏向人間帝王，在《史記》中占有一定篇幅。

勤政愛民的堯帝

出自：《帝王世紀》、《莊子》、《韓非子》、《呂氏春秋》、《史記》

堯帝是帝嚳的兒子，也是黃帝的第四代孫，相傳他的母親懷孕十四個月才生下他，本名放勛。

帝嚳死了以後，把帝位傳給堯的哥哥摯。堯相當聰明能幹，十三歲時就輔佐哥哥治理國家，但由於帝摯才能平庸，無法妥善管理天下，各地的部族首領都背離帝摯而歸附堯；帝摯自己也覺得才德比不上弟弟，在位九年後將帝位讓給堯。

堯帝登上帝位後，他的生活非常簡樸，大臣提議要興建宮殿，以顯現帝王的威嚴，但他愛護百姓，不願增加人民的負擔，寧願過著簡樸的生活。他用未經處理的原木作為柱子和屋梁，屋頂上沒有覆蓋堅固漂亮的瓦片，而是鋪上最平凡的茅草，吃的是粗劣的飯食，喝的是野菜湯，冬天披一塊鹿皮衣，夏天穿葛布做成的衣服。因為體貼百姓，他寧願自己過著簡樸的生活。在施政上，堯帝也把老百姓的生活放在第一位，他看到有百姓餓肚子，就責備自己：「是我讓他挨餓。」看到有人缺少衣物，就責備自己：「是我讓他沒衣服穿。」看到有人犯罪，就責備自己：「是我管理不夠好，才害他犯罪。」為了讓施政更貼近老百姓的需要，堯帝在宮門左側設置諫鼓，讓一般人也都能對國事發表意見；他在宮門右側樹立謗木，鼓勵百姓指責自己的過失。堯帝高尚的品德深深感動了百姓，儘管遭遇許多災難，但是百姓還是堅決追隨在他身邊。

在堯帝與大臣們的努力之下，老百姓安居樂業，雖然難免還是有一些天災，但都算平安渡過。時間一年一年過去，堯帝覺得自己年紀老邁，該是要找接班人的時候了，但兒子丹朱卻不長進、不成材，而且個性頑劣，堯帝心想：「如果把帝位傳給丹朱，那是只有他一人得利，而全天下人都要受害；但如果帝位不傳給丹朱，那麼只有他一人受害，全天下人都能得利。」

於是堯帝遍訪賢人，他聽說許由是個隱世的高人，想把帝位讓給許由，他派使者到許由隱居的箕山找他，許由說：「我不希罕什麼帝位，你這些話真是汙染我的耳朵，趕快回去吧！」使者走後，許由立即跑到山下的穎水邊，用水清洗耳朵。

被許由拒絕後，堯繼續找繼承人，大臣們向堯帝推薦舜，說：「舜是盲人瞽叟的兒子，聰明能幹，他的爸爸頑固、後母愚蠢、弟弟傲慢，但他依舊孝順父母、友愛兄弟。」堯帝於是把舜找來，把兩個女兒娥皇和女英都嫁給他，還送他衣服、琴及牛羊，並為他建造穀倉；堯用許多方法對舜進行考驗，舜的表現都非常亮眼，受到各方很好的評價。經過多方考察後，堯帝相信舜就是最適合的人選，決定把帝位讓給舜。禪位以後，堯帝仍關心國家百姓，四處巡察，又過二十八年以後，才以一百一十八歲的高齡逝世，所有百姓們聽到這個消息，都萬分悲痛，像是自己的父母去世那般。

◈堯伊祁姓也。母曰慶都，孕十四月而生堯於丹陵，名曰放勛。——《帝王世紀》

◈堯以天下讓許由，許由不受。——《莊子・讓王》

◈堯之王天下也，茅茨不翦，采椽不斲，糲粢之食，藜藿之羹，冬日麑裘，夏日葛衣。——《韓非子・五蠹》

◈堯置敢諫之鼓，使天下得盡其言；立誹謗之木，使天下得攻其過。——《呂氏春秋・自知》

◈堯曰：「悉舉貴戚及疏遠隱匿者。」眾皆言於堯曰：「有矜在民間，曰虞舜。」堯曰：「然，朕聞之。其何如？」嶽曰：「盲者子。父頑，母嚚，弟傲，能和以孝，烝烝治，不至姦。」堯曰：「吾其試哉。」於是堯妻之二女，觀其德於二女。舜飭下二女於媯汭，如婦禮。……堯立七十年得舜，二十年而老，令舜攝行天子之政，薦之於天。……堯知子丹朱之不肖，不足授天下，於是乃權授舜。授舜，則天下得其利而丹朱病；授丹朱，則天下病而丹朱得其利。堯曰：「終不以天下之病而利一人」，而卒授舜以天下。堯辟位凡二十八年而崩。百姓悲哀，如喪父母。——《史記・五帝本紀》

孝感動天的舜帝

出自：《史記》

傳說舜從一出生就與眾不同，他的眼睛有兩個瞳仁，爸爸是個盲人，大家叫他「瞽叟」，媽媽則在舜很小的時候就病逝了，爸爸再娶了一個妻子，繼母生了一個弟弟叫象，因為家裡很窮，舜很小的時候就開始工作，幫忙維持全家的生活，但他從來沒有怨言。儘管如此，繼母還是一直看這個前妻生的兒子不順眼，常聯合象找他的麻煩，偏偏父親個性頑固，寵愛後妻和幼子，常不明究理就跟著一起欺負舜，舜雖然感受到家人的敵意，但始終恭順地對待父親、繼母和弟弟。二十歲的時候就以孝聞名。

只是舜的態度不但沒有打動家人，反而加深他們的嫉妒，處處想要謀害他。有一次，瞽叟對舜說：「穀倉的屋頂有點漏水，你來幫忙修補一下。」舜二話不說就答應了，當舜爬到穀倉頂端塗泥補漏的時候，繼母跟弟弟就在下面放火燒倉，想把舜活活燒死，一轉眼之間，穀倉燃起了熊熊大火，烈焰衝天，舜情急之下，從穀倉頂往下跳，神奇的事情發生了，他手舉著斗笠，像鳥兒一般降落，就此衝出火場，平安脫險。

過了幾天，瞽叟又對舜說：「水井裡好像有汙泥淤積，阻塞了水源，你來幫忙淘井一下。」到了父親家，舜在身上綁著繩子垂吊到井底，正當他準備淘井的時候，身上的繩子突然被割斷，接著瞽叟和象一起從井口傾倒土石，想要把舜活埋在井裡。舜看到頭頂有土石砸落，急忙往井壁邊靠，靠著井壁的暗道，躲過落下的石頭，逃過一劫。

瞽叟和象以為這次舜必死無疑，非常高興，開始商量怎麼瓜分舜的財產。象說：「這個主意是我想出來的，牛羊、田地、房子和穀倉都歸爸媽，舜的兩個妻子和其他的東西歸我。」於是象搬到舜的宮室住下，彈起舜的琴。這時居然舜從外面平安地回來了，所有人都嚇了一大跳，象故作鎮定地說：「原來你平安無事，我正難過地擔心你呢！」舜回答說：「我知道，你果然是我的好弟弟。」之後，舜從來沒有計較遭謀害的事，仍然十分孝順父母，愛護弟弟。

舜一片真誠的孝心，感動了天地，也影響了周遭的鄰居。舜曾經在歷山耕種，原本當地的農夫經常為了田地互相爭奪，舜就率先禮讓他人，用自己的德行來感化大家，一年之後，歷山的人們不再爭田爭地；舜曾經在雷澤捕魚，他把水深魚多的地方讓給年紀大的漁夫，一年之後，大家也跟著都互相禮讓於老人；舜也曾經在陶河邊製陶，原本這裡製陶的人經常偷工減料，出產的陶器很粗劣，但經過舜一年的努力，往後這裡出產的陶器都變得精緻而耐用。因為舜的賢德，堯帝將帝位傳讓給舜，稱為舜帝。舜登上天子位子後，仍經常恭敬地去探望父親，並封弟弟象為諸侯。

◈舜目蓋重瞳子。《史記．項羽本紀》

◈虞舜者，名曰重華。重華父曰瞽叟……舜父瞽叟盲，而舜母死，瞽叟更娶妻而生象，象傲。瞽叟愛後妻子，常欲殺舜，舜避逃；及有小過，則受罪。順事父及後母與弟，日以篤謹，匪有解。

舜年二十以孝聞。三十而帝堯問可用者，四嶽咸薦虞舜，曰可。舜耕歷山，歷山之人皆讓畔；漁雷澤，雷澤上人皆讓居；陶河濱，河濱器皆不苦窳。……瞽叟尚復欲殺之，使舜上涂廩，瞽叟從下縱火焚廩。舜乃以兩笠自捍而下，去，得不死。後瞽叟又使舜穿井，舜穿井為匿空旁出。舜既入深，瞽叟與象共下土實井，舜從匿空出，去。瞽叟、象喜，以舜為已死。象曰：「本謀者象。」象與其父母分，於是曰：「舜妻堯二女，與琴，象取之。牛羊倉廩予父母。」象乃止舜宮居，鼓其琴。舜往見之。象鄂不懌，曰：「我思舜正郁陶！」舜曰：「然，爾其庶矣！」舜復事瞽叟愛弟彌謹。於是堯乃試舜五典百官，皆治。——《史記・五帝本紀》

盜息壤治水的鯀

出自：《史記》、《山海經》

在堯帝的時代，發生了大水災泛濫，許多人被渾濁的洪水沖走，大家朝著高處奔走逃命，然而大水也淹沒了田地和牲畜，使得民眾的生活陷入飢寒交迫、無家可歸的艱困處境中。

堯帝不忍心看到百姓們受苦受難，召集鎮守在四方的臣子，希望找到辦法治理滔天的洪水。此時的堯帝年事已高，滿頭花白的頭髮，一臉憂愁地問：「大水讓老百姓們流離失所，有誰能夠治理水患？」眾臣都推薦鯀，但是堯帝搖搖頭說：「鯀的個性太過自我，恐怕會違背天，毀害同族，無法凝聚民心，不能用他。」眾臣說道：「實在沒有更好的人選了，不如還是讓他試試看，真不行再說。」堯帝只好勉強同意，任命鯀治理洪水。

鯀採用的是建築堤防的方式來防堵洪水的泛濫，只是河堤愈築愈高，卻還是有越堤而過的洪水，於是鯀又發明了版築，也就是建造高大的城牆，把洪水擋在城外，暫時保護了民眾的安全。只是每當洪水越堤而過時，往往還是帶來不少災情，因此，鯀只能帶著民眾不斷地築起更高的堤壩和更高的城牆。

經過九年的時間，耗費大量的人力和物力，洪水的威脅卻始終無法徹底根治，國內也開始出現質疑的聲音。鯀感到十分焦慮，聽說天上有一種神土叫做息壤，不但能夠自生自長，而且永不耗減，在無計可施之下，他決定鋌走險，冒險到天上盜取息壤來治水。

鯀在滔天洪水中撒下從天上偷來的息壤，用息壤在河岸上築起河堤，水上漲一尺，息壤也長高一尺，雖然大水不再淹過河堤，但看著愈來愈高的堤土，沒人敢想像萬一有一天河水潰堤會發生多嚴重的災害。

不久，天帝發現鯀偷走息壤，且擅自將息壤拿去築堤治水，一怒之下派遣火神祝融前去向鯀問罪。鯀自知犯下大罪，但想著治水未成，如果現在讓祝融帶回天庭，那麼長久的努力都將白費，人民將再次遭受大水肆虐，他說：「我不能在這裡放棄，不能就這樣把息壤還回去，我一定要堅持下去。」於是奮力抵抗，不願束手就擒，最後被祝融擊殺在羽山的郊野。

鯀死了以後，息壤被天帝收回，大水再次泛濫，費時九年的治水工作最後以失敗作結。

◈當帝堯之時，鴻水滔天，浩浩懷山襄陵，下民其憂。堯求能治水者，群臣四嶽皆曰鯀可。堯曰：「鯀為人負命毀族，不可。」四嶽曰：「等之未有賢於鯀者，願帝試之。」於是堯聽四嶽，用鯀治水。九年而水不息，功用不成。——《史記·夏本紀》

◈洪水滔天，鯀竊帝之息壤以堙洪水，不待帝命，帝令祝融殺鯀於羽郊。——《山海經·海內經》，郭璞注：「息壤者，言土自長息無限，故可以塞洪水也。」

治水救民的大禹

出自：《史記》、《拾遺記》、《山海經廣注》

傳說在堯帝的時代，經常發生嚴重的洪水氾濫，許多人被水淹死，房屋都被大水沖垮，農作物和牲畜都被大水淹沒，人民飽受水災侵擾，生活苦不堪言。

堯帝不忍心百姓受苦，任命鯀治理洪水，鯀採用圍堵的方法治水，不斷在河岸邊堆高堤防，希望防止黃河的氾濫，但河堤堆得愈高，黃河決堤時，造成的災害就愈嚴重，鯀耗費九年的時間治水，勞民傷財，卻一無所成，始終未能平息洪水的災禍。傳說鯀死之前告訴兒子禹說：「我死了以後，你一定要接續完成治水工作，才能拯救被洪水肆虐的民眾。」

舜帝即位後，改用鯀的兒子禹接任治水的工作。當時，禹才剛和妻子塗山氏結婚四天，接到任務後，就離開妻子，踏上旅程。禹帶領著伯益、后稷等助手，跋山涉水，翻山越嶺，拿著量測的工具，從西向東，一路觀察地形的高低，視察河道流向，檢討鯀治水失敗的原因，從中獲取教訓，決定改用疏導河川的方式作為治水的主要方向，利用水往低處流的自然趨勢，疏通水道。

決定好治水方向後，禹召集百姓一起協助施工，凡事親力親為，他的生活簡樸，住在簡易的茅草屋裡，吃的是粗茶淡飯，得到百姓們的愛戴，也感動了上天，天帝派遣神異動物相助，渡過大海時以黿、鼉為橋樑，跨越山嶺時以神龍為座駕。應龍為禹引導氾濫成災的洪水進入河渠，又用尾巴畫地為禹指引方向，玄龜則是為禹負載了治水用的土壤，除此之外，河伯獻上黃河水道的河圖，讓禹更能掌握黃河水道的流向。

禹背負著父親臨終的遺言及民眾的期待，離家十三年，專心致力於治水的工作，開鑿一座又一座的高山，開闢一條又一條的渠道，曾經三次路過自己的家，卻都因為擔心影響工程進度，忍痛不進家門：第一次是妻子懷孕要生產的時候，第二次看到妻子懷抱年幼的兒子站在家門口，第三次則是遠遠看到兒子已經十歲了，但一想起無數的百姓正在飽受洪水的折磨，只好狠下心腸，向妻兒揮揮手打個招呼，就頭也不回地繼續趕工。

憑著堅忍不拔的毅力、勤勉不懈的精神，禹克服重重困難，終於成功疏通了九州的河流，使大水流進四海，洪水不再氾濫成災，大地恢復了欣欣向榮的景象，過去被大水淹沒的農田變成了沃土，百姓得以安居樂業，享受富足安定的生活。由於禹無私的奉獻，不僅讓百姓不用再過著擔心害怕的生活，也使自己成為深受人民景仰的英雄。

◆行視鯀之治水無狀，乃殛鯀於羽山以死。天下皆以舜之誅為是。於是舜舉鯀子禹，而使續鯀之業。……禹曰：予娶塗山，辛壬癸甲，生啟予不子，以故能成水土功。——《史記．夏本紀》

◆至舜命禹疏川奠岳，濟巨海則黿鼉而為梁，逾翠岑則神龍而為馭，行遍日月之墟，惟不踐羽山之地。……禹盡力溝洫，導川夷岳，黃龍曳尾於前，玄龜負青泥於後。……禹所穿鑿之處，皆以青泥封記其所，使玄龜印其上。——《拾遺記》

◆禹治水，有應龍以尾畫地，即水泉流通。——《山海經廣注》輯〈山海經佚文〉

◆禹抑洪水十三年，過家不入門。——《史記》〈河渠書〉引《夏書》

關於《山海經廣注》

作者為清代學者吳任臣（1628～1689），他在郭璞注《山海經》的基礎上加以廣注，引述歷代《山海經》研究者成果，並從增廣見聞的角度出發，引述典籍注釋，提供讀者不同類型的實用知識，呈現《山海經》地理與博物的價值。

三王墓的故事

出自：《搜神記》

楚國人夫妻干將和莫邪為楚王打造寶劍，分為雌劍和雄劍兩把，三年才造成。楚王很生氣，說要殺了他們。莫邪懷孕即將臨盆，干將對她說：「我替楚王造劍造了三年，楚王非常的生氣。我這回前去送劍，他一定會殺了我。如果你生的這個孩子是男的，等他長大後，你要告訴他，出門可以望見南山的地方，看見松樹生長在石頭上，劍就在松樹的背面。」干將說完，就帶著雌劍去見楚王了。楚王果然十分憤怒，鑑定寶劍的劍工回報說：「干將為您鑄的劍應該有兩把，一雄一雌，現在雌劍來了，雄劍卻沒來。」楚王聽了就把干將殺了。

後來，莫邪生下了一個兒子，取名赤比。赤比長大了以後問母親：「我的父親在哪裡？」母親告訴他：「你父親為楚王造劍，造了三年才完成。楚王發怒殺了他。他離開時曾囑咐我：『告訴兒子：出門可以望見南山，看見松樹長在石頭上，劍就在松樹背面』。」於是赤比出門往南方望去，沒看見山，只見屋前用松樹做的屋柱，下面有石礎墊著，就用斧頭劈開松柱的背面，果然得到藏在裡面的劍，於是赤比天天想著如何向楚王報仇。

楚王夢見一個少年，兩道眉毛間有一尺寬，這個少年對著他說：「我要找你報仇。」楚王感到很害怕，用千金徵人獵殺少年的人頭。赤比聽說這件事，就逃跑到山裡，他邊走邊悲傷地唱歌，在路上碰到一個俠客，俠客問他：「你年紀這麼小，為什麼哭得這麼悲傷呢？」赤比告訴俠客：「我是干將和莫邪的兒子，楚王殺了我父親，我要報仇！」俠客說：「聽說楚王用千金買你的人頭，拿你的人頭和劍來，讓我幫你報仇。」赤比說：「太好了！」馬上就割下了自己的頭，用雙手捧著頭和劍給俠客，然後就僵直的站著。俠客說：「我不會辜負你的。」得到俠客的承諾，赤比的屍體這才倒下。

俠客拿著赤比的頭去見楚王，楚王非常高興。俠客說：「這是勇士的頭。應該用大鍋來煮。」楚王照著俠客的話做了。但赤比的人頭煮了三日三夜還沒有爛，在滾湯中上下躍騰，張著眼睛很憤怒的樣子。俠客說：「這個少年的頭久煮不爛，希望大王能親自來看看它，那它就會爛了。」楚王因此走近大鍋觀看，霎時，俠客迅雷不及掩耳地用劍砍下楚王的頭，楚王的頭掉進湯中，俠客又砍下自己的頭，也掉進了湯中，三個頭都煮爛了，無法分辨誰是誰的頭。眾人把鍋中的湯與肉分開埋葬，通稱為「三王墓」。這個墓就在汝南北部宜春縣的境內。

◆楚干將莫邪為楚王作劍，三年乃成。王怒，欲殺之。劍有雌雄。其妻重身當產。夫語妻曰：「吾為王作劍，三年乃成。王怒，往必殺我。汝若生子是男，大，告之曰：『出戶望南山，松生石上，劍在其背。』」於是即將雌劍往見楚王。王大怒，使相之。劍有二，一雄一雌，雌來雄不來。王怒，即殺之。莫邪子名赤比，後壯，乃問其母曰：「吾父所在？」母曰：「汝父為楚王作劍，三年乃成。王怒，殺之。去時囑我：『語汝子出戶望南山，松生石上，劍在其背。』」於是子出戶南望，不見有山，但睹堂前松柱下石低之上。即以斧破其背，得劍，日夜思欲報楚王。

王夢見一兒，眉間廣尺，言欲報讎。王即購之千金。兒聞之亡去，入山行歌。客有逢者，謂：「子年少，何哭之甚悲耶？」曰：「吾干將莫邪子也，楚王殺吾父，吾欲報之。」客曰：「聞王購子頭千金。將子頭與劍來，為子報之。」兒曰：「幸甚！」即自刎，兩手捧頭及劍奉之，立僵。客曰：「不負子也。」於是屍乃仆。

客持頭往見楚王，王大喜。客曰：「此乃勇士頭也，當於湯鑊煮之。」王如其言煮頭，三日三夕不爛。頭踔出湯中，躓目大怒。客曰：「此兒頭不爛，願王自往臨視之，是必爛也。」王即臨之。客以劍擬王，王頭隨墮湯中，客亦自擬己頭，頭復墜湯中。三首俱爛，不可識別。乃分其湯肉葬之，故通名三王墓。今在汝南北宜春縣界。——《搜神記》

不畏艱難的愚公

出自：《列子》

在黃河的北岸，有兩座高大的山，寬七百多里，高七八千丈，把往來南北兩地的道路隔絕了。

在北山下，有個被人叫做愚公的老翁，年紀已經快要九十歲了，就住在面對著北山的地方。由於往北方道路被高山阻隔，進出往返都要繞很遠的路，愚公覺得很麻煩，有一天他把全家人集合起來商量：「我想要帶著大家一起把這座險峻的大山挖平，開一條可以直通豫州南部、到達漢水邊的道路，你們覺得怎麼樣？」家人聽完都紛紛表示贊成，覺得如果有一條可以直通南北的道路就太好了。

這時候愚公的妻子提出疑問：「憑你的力氣，恐怕連魁父那樣的小山都無法鏟平，能對這兩座大山怎麼樣呢？況且，如果真的把山挖開，挖出來的土石要放在哪裡呢？」愚公說：「只要持續不斷地挖，一定會成功的。」其他人也說：「我們可以把挖出來的土石運到渤海旁邊，或是堆放在隱土的北邊就好了。」

於是，愚公率領兒孫，帶著各式的工具，開始了移山的工作。全家不管老少都努力地挖土、鑿石頭，挖下的土和石頭，就用擔子挑到渤海灣。從這兩座山走到渤海灣，來往一趟要半年的時間，往往是穿著厚棉衣去，換穿薄單衣回來。愚公一家人的毅力，感動許多周圍的人，鄰居京城氏的寡婦有個七八歲的孩子，看到愚公一家挖山開路，也跟著投入移山的工作。

對於愚公移山這件事，有不少人給予支持鼓勵，但也有人覺得可笑，住在河曲地方有一個叫智叟的老頭，跑來嘲笑愚公：「你真的很愚蠢，難怪叫愚公，你現在這麼大把年紀了，憑你殘存的生命及力氣，別說這兩座大山，恐怕連山上一棵小草都動不了，還想要移什麼山？真是太可笑了。」愚公聽完重重地歎了一口氣，他說：「你的思想實在太頑固了，頑固到無法開竅，還比不上京城氏那個七八歲的小孩子。雖然有一天我會死，但我還有兒子在啊！兒子又會生孫子，孫子也會再生小孩，一代一代傳承下去，無窮無盡，可是山卻不會長高加大了，只要我們子子孫孫不停挖下去，還怕不能把山移開嗎？」智叟聽完以後無話可說，默默離開了。

山神聽到以後，覺得很害怕，擔心愚公真的沒完沒了地挖下去，連忙向天帝報告這件事。天帝被愚公的誠心與毅力感動，命令大力神夸蛾氏的兩個兒子把兩座山背走，一座放在朔方郡的東邊，也就是太行山，另一座放在雍州的南部，也就是王屋山，從此之後，從冀州南部一直到漢水，再也沒有高山阻隔了。

◈太行、王屋二山，方七百里，高萬仞。本在冀州之南，河陽之北。北山愚公者，年且九十，面山而居。懲山北之塞，出入之迂也。聚室而謀曰：「吾與汝畢力平險，指通豫南，達於漢陰，可乎？」雜然相許。其妻獻疑曰：「以君之力，曾不能損魁父之丘，如太行、王屋何？且焉置土石？」雜曰：「投諸渤海之尾，隱土之北。」遂率子孫荷擔者三夫，叩石墾壤，箕畚運於渤海之尾。鄰人京城氏之孀妻有遺男，始齔，跳往助之。寒暑易節，始一反焉。

河曲智叟笑而止之曰：「甚矣，汝之不惠。以殘年餘力，曾不能毀山之一毛，其如土石何？」北山愚公長息曰：「汝心之固，固不可徹，曾不若孀妻弱子。雖我之死，有子存焉；子又生孫，孫又生子；子又有子，子又有孫；子子孫孫無窮匱也，而山不加增，何苦而不平？」河曲智叟亡以應。操蛇之神聞之，懼其不已也，告之於帝。帝感其誠，命夸蛾氏二子負二山，一厝朔東，一厝雍南。自此，冀之南，漢之陰，無隴斷焉。——《列子．湯問》

堅持填海的精衛

出自：《山海經》

相傳炎帝有個小女兒名叫女娃，從小深受炎帝的疼愛，她的外表看起來纖秀柔順，個性卻是活潑好強。女娃很喜歡大自然，總愛到處玩耍，高山、深林、溪谷都有她的足跡，尤其是大海，她最喜歡到海邊遊玩。

有一次，女娃獨自在海邊遊玩，因為玩得太專心了，沒注意到海象的變化，突然一個大浪迎面打來，她來不及躲避，不幸被大浪捲入海中，再也沒有回來。

後來，在東海西邊的發鳩山上，出現了一種小鳥，牠的頭上有著漂亮的花紋，白色的鳥嘴和紅色的腳，據說就是女娃死後魂魄所化成的，牠總是「精衛、精衛」地叫著，於是被人稱為「精衛」鳥。

精衛棲息在發鳩山上的柘木林裡，每天銜著小石頭或是小樹枝，努力飛到東海上，把石頭和樹枝投入東海，不論是晴天還是雨天，日復一日從不間斷，以鍥而不捨的精神，一心只想把東海填平，以化解心中的怨恨。

掌管東海的海神看到以後，很不高興地問說：「你為什麼不斷地向東海亂丟東西？」精衛回答說：「我跟東海無怨無仇，卻無端被奪走了寶貴的生命，所以我要報仇。」海神聽完大笑說：「小鳥兒，我看算了吧！照你這個樣子，就算花一千年、一萬年，也不可能填平東海。」精衛絲毫不肯退讓，大叫著：「就算不能填平東海，我也要繼續填下去！哪怕是一千年、一萬年，我都會不停地填下去。」

從此以後，精衛鳥不斷地用牠小小的嘴，銜著山裡的小樹枝和小石子，從發鳩山飛到東海投擲，永不停止。

◆又北二百里，曰發鳩之山，其上多柘木。有鳥焉，其狀如烏，文首、白喙、赤足，名曰精衛，其鳴自詨。是炎帝之少女名曰女娃，女娃游于東海，溺而不返，故為精衛，常銜西山之木石，以堙于東海。——《山海經．北山經》

猛志常在的刑天

出自：《山海經》

刑天是炎帝的臣子，在炎帝的統治下過著幸福快樂的生活，後來炎帝在阪泉之戰中被黃帝打敗，部下們都很不服氣，但炎帝不希望戰爭帶來更多的傷亡，造成人民流離失所，所以要求部下不要多做抵抗。

當蚩尤舉兵進攻黃帝的時候，刑天原本也想投入蚩尤的陣營，向黃帝報仇，一吐多年的怨氣，但是炎帝知道以後，拉住刑天的手說：「冤冤相報何時了？更何況，如果你走了，還有誰能陪我呢？」看著日漸蒼老的炎帝，刑天不忍心拒絕他的要求，只好無奈地暫時打消念頭。蚩尤戰敗被殺的消息傳來，刑天的心中充滿悔恨，後悔自己沒有助蚩尤一臂之力，如果自己當時加入戰爭，戰況會不會有所不同？眼見蚩尤死後，黃帝的勢力擴展到南方，更讓刑天怒不可遏，決心不顧一切，和黃帝拚個你死我活。

他知道炎帝一定會再阻止他報仇，所以決定不告而別，拿出塵封已久的巨斧及大盾，一路直奔黃帝所在的宮殿。半路上，刑天經過故鄉常羊山，看到曾經的家園變得殘破不堪，想起許多族人在戰爭中喪失寶貴的性命，不禁悲從中來；過了一陣子，悲傷的情緒逐漸平復，更使他堅定復仇的意志，要把悲傷化成憤怒的力量。

刑天左手握著方形的大盾，右手不停地揮舞著巨斧，闖進黃帝的宮殿。一路上雖然有無數的衛士上前阻擋，都被刑天的巨斧擊退，殺出一條血路，直抵大殿。黃帝聽到外面騷動，親自帶著軒轅寶劍前來查看，刑天一見到黃帝，仇人見面分外眼紅，大喝一聲就向他撲了過去，黃帝也不是省油的燈，抽出寶劍就和刑天廝殺了起來。

兩人你來我往，打得驚天動地，從白天打到黑夜，又從黑夜打到白天，打得難分難解，一旁的衛士們看得驚心動魄，都為黃帝捏了一把冷汗，但是對於兩人賭上生命和榮譽的決鬥，縱使心急，卻也沒有人敢貿然介入這場讓人膽顫心驚的對決。

兩人從宮內一路打到宮外，又從天庭打到人間，最後來到常羊山旁。由於刑天與黃帝決鬥前，先在宮殿外與衛士們激戰過一輪，所以連戰之下，體力略有不支，露出一點疲態，動作稍稍遲緩；黃帝身經百戰，經驗豐富，看到對手露出破綻，當然不能放過這個大好機會，他先閃過刑天右手揮來的巨斧，舉起寶劍奮力盪開刑天左手的大盾，趁著這一點點空檔，揮劍向刑天的脖子砍去，刑天閃避不及，也來不及招架，頭顱就被硬生生地砍落，掉在常羊山的山腳邊。

刑天雖然人頭落地，視線一片漆黑，看不到黃帝的位置，依然不肯認輸，持續不斷地揮舞著手上的大盾和巨斧，他甚至以身體的兩個乳頭當做眼睛，張開肚臍當做嘴巴，想要繼續與黃帝搏鬥。黃帝被他這種永不放棄的精神感動，不願落井下石繼續追擊，也不願痛下殺手，於是停止這場決鬥，而且為了表達對刑天的敬意，把他的頭顱隆重地埋在常羊山下。

知道自己徹底戰敗的刑天，縱使再不甘心，也知道不可能再跟黃帝競爭了，但他始終放不下心中的執念，常常一手拿著斧，一手持著盾，向著天空胡亂揮舞，表達心中永不服輸的意志。

◈形天與帝至此爭神，帝斷其首，葬之於常羊之山，乃以乳為目，以臍為口，操干戚以舞。——《山海經．海外西經》

有此一說

刑天，原名形天，在古籍中也作形夭。晉代詩人陶淵明的〈讀山海經〉詩中說：「精衛銜微木，將以填滄海。刑天舞干戚，猛志固常在。同物既無類，化去不復悔。徒設在昔心，良辰詎可待！」歌頌精衛和刑天這種堅毅不屈的精神。

第四部　民間信仰神話

不只是日常消災祈福的心靈寄託，
也是最有煙火氣的神祇。

年獸的故事

在古代，相傳有一種叫做「年」的凶猛怪獸，頭上長著尖尖的觸角，大嘴巴總是露出鋒利獠牙，眼睛則射出凶光，讓人一看就心生畏懼，忍不住渾身發抖。年獸平時居住在深山之中，每到除夕這天晚上才會下山捕食，無論是野生的飛禽走獸、人們飼養的家禽家畜，甚至是人類，不分男女老少，只要被牠盯上，幾乎無法倖免，因此，為了躲避年獸的肆虐，每到除夕這天，人們想出各種方法，希望平安度過年關。

有些地方到了除夕夜晚，家家戶戶會緊閉家門，提早做好晚飯，全家人齊聚一堂，一起向祖先祭拜祈禱，祈求祖先的神靈保佑他們平平安安地度過這個夜晚，等到隔天天亮以後，熬過「年關」的人們總算鬆一口氣，感謝天地、感謝祖先的保佑；也有一些小村莊，選擇在除夕這天，扶老攜幼逃往深山郊外，躲避年獸的威脅傷害，直到聽見雞鳴，才敢陸續返回村落，而親朋好友劫後見面，都欣喜不已，互相恭喜祝賀。

雖然大家已經有躲避年獸的辦法，但每當要過年關時，總還是戰戰兢兢、忐忑不安，害怕年獸會突然撞破大門，或是擔心在往山上避難途中與年獸不期而遇。

有一年除夕，村子裡的人收拾行裝準備往山上避難時，從村外來了一個手拄拐杖的老乞丐，大家正慌亂地忙東忙西，呼兒叫娘的聲音此起彼落，人人自顧不暇，沒有人有心思空閒去關心這個老乞丐，只有一個老婆婆好心地塞了一些食物給他，並勸他一起上山躲避年獸。

老乞丐看到全村的人因為年獸的威脅，大家神情緊繃、忙得焦頭爛額，為了報答老婆婆的恩情，他說：「不用擔心，我有對付年獸的辦法，年獸最怕的東西就是紅色、火光還有爆炸的聲響。」老婆婆聽完以後覺得半信半疑，但看老乞丐的神情又是如此誠懇與自信，決定鼓起勇氣，依照他的吩咐去做。

這天半夜，年獸果真闖進村子裡，牠看到整個村子空空蕩蕩，沒有半點人跡，只有遠處一戶人家有亮光，牠走近一看，只見門上貼著大紅紙，屋子內燈火通明，一個老婆婆身穿大紅衣裳；年獸被耀眼的紅色刺得睜不開雙眼，正在猶豫是否要闖進屋子時，突然傳來一連串爆竹的炸裂聲，嚇得牠渾身發抖，夾著尾巴狼狽地跑走了。

第二天村子裡的人從山上避難回來，看到老婆婆居然安然無恙，非常吃驚。老婆婆趕緊把驅趕年獸的方法跟大家分享。從此以後，每到除夕，家家張貼紅色春聯、燃放爆竹，戶戶燈火通明、守更待歲，再也不用提心吊膽地害怕年獸來襲了。

義薄雲天的關公

出自：《三國志》、《三國演義》

關公本名關羽，字雲長，身高有九尺，兩頰上的鬍子有二尺長，臉色像深紅色棗子，嘴唇鮮紅豔麗，長著一雙丹鳳眼，眉毛樣子像臥蠶，相貌堂堂，威風凜凜。東漢靈帝昏庸，致使朝政混亂，民不聊生，張角趁勢搧動信眾引發黃巾之亂，關公和劉備、張飛三人桃園結義，組織義勇軍對抗黃巾賊。

董卓專權，關公隨劉備參加討伐董卓聯軍，各路諸侯聯軍在汜水關輪番與董卓大將華雄挑戰，卻接連戰敗，於是關公自請出戰，在溫酒還沒變涼之前，就力斬華雄，帶著首級歸來，打響名號；隨後，又在虎牢關前，與張飛、劉備聯手，三英合攻董卓手下頭號猛將、有戰神之稱的呂布，迫使呂布不得不撤退，更使劉、關、張的名聲不脛而走。

劉備雖然有關公、張飛這兩個猛將，卻一直無法建立自己的勢力基礎，勝少敗多，先後投靠公孫瓚、陶謙、呂布、曹操，關公始終不離不棄。此時曹操已迎接漢獻帝，挾天子以令諸侯，劉備也在此時被獻帝認證為劉皇叔，並與接獲密詔要誅殺曹操的國舅董承合謀，不料董承事跡敗露，劉備不得不背叛曹操，占據徐州自立。不久，曹操發兵攻徐州，劉備敗走，投奔袁紹，關公則兵敗被困，曹操向來愛慕關公的勇武，派人招降，關公為了保護劉備的家眷，與曹操訂下「降漢不降曹」的約定，並說：「只要得知劉備的下落，不管千里我都要回到他的身邊。」曹操為了拉籠關公，不但三天一小宴、五天一大宴，又送美女、財寶，卻始終無法打動關公；有一次曹操送關公新戰袍，結果關公換上新袍後，還是把劉備送的舊袍罩在外面，表示不會因為有了新袍而忘記與劉備的情誼。

後來曹操和袁紹開戰，袁紹派出大將顏良將曹軍打得毫無招架之力，關公為了報答曹操的恩情，主動請纓出戰，單槍匹馬衝入敵人陣地，袁軍將領無人能夠抵擋，顏良被殺得措手不及，一刀斬於馬下，化解曹軍的危機，曹操大喜，向朝廷回報，封關公為「漢壽亭侯」；不久，袁紹大將文醜又率軍進攻，要為顏良報仇，結果關公又是一刀把文醜斬下馬來，也在此時，關公得知劉備目前投靠袁紹的消息。

班師回許昌後，曹操猜到關公一定要走，故意避不見面；關公與二位嫂夫人商議，決定留書信給曹操，把所賜金銀一一封置於府庫中，並留下漢壽亭侯印離去；對於關公要投奔敵對陣營，曹操的部下極力反對，而曹操雖捨不得關公，但他認為：「關公能不忘故主，是真正的義士，就讓他去吧！」於是沒有派人阻攔，關公得以在沒有大軍追捕之下，單騎護送二位嫂夫人的車子，千里尋兄，途中遇到一些關隘守將刁難，不願放行，關公於是過五關，斬六將，克服種種困難，終於回到劉備身邊。

建安六年，劉備投靠荊州劉表，在荊州北邊的新野屯兵，在徐庶的推薦下，知道臥龍諸葛亮隱居在隴中，於是帶著關公、張飛二人，親自三顧茅廬，禮聘諸葛亮擔任軍師。不久，曹操大軍南下，劉表病逝，兒子劉琮獻荊州投降，劉備等人匆匆敗走江夏，與孫權結盟，共同對抗曹軍，赤壁之戰聯軍火燒連環船，曹軍慘敗北逃，諸葛亮安排關公於華容道設埋伏截擊曹操，劉備說：「我這義弟向來重義氣，顧及曹操當年的恩惠，一定會放了曹操。」諸葛亮說：「我也知道曹操氣數未盡，不如就讓關公償還這個人情也好。」果然曹操敗軍經過華容道，已經累得人仰馬翻，早就無心也無力再戰，關公的伏兵一現身，更是嚇得魂飛魄散，曹操只好向關公求情說：「我今日兵敗，走投無路，希望將軍念往日情誼，網開一面。」關公向來義重如山，想起曹操當年的恩義，心中一軟，又看到曹操手下們個個惶恐不安，嚇得快哭出來了，不願恃強欺弱，把心一橫，放曹操離去。

赤壁之戰結束後，在諸葛亮的謀劃下，劉備趁機攻下荊州當做根據地，並以關公鎮守荊州，又率軍入蜀，獲取益州，再北上攻下漢中，自封為漢中王，封關公、張飛、趙雲、馬超、黃忠為五虎大將，並以關公為五虎將之首，督領荊州。然而，荊州乃是兵家必爭之地，也是孫權與劉備間不解的死結。

赤壁之戰，孫權出人出力，好不容易打敗曹操，但荊州卻被劉備吞掉，自己卻什麼也沒分到，覺得很不合理，因此多次派人向劉備追討荊州，但劉備及諸葛亮卻始終找各種理由搪塞，不願正面回應，最後更承諾先暫借荊州，等入蜀攻下益州再歸還。等到劉備取得益州，總算答應先還荊州南部三郡，然而派人去點收交接時，關公卻不認帳，把派去的人全部趕回來。孫權再也嚥不下這口氣，他派魯肅設宴邀關公談判，並設下埋伏，沒想到關公只帶少數隨從，單刀赴會，談笑自如，席間談判破裂，關公假藉酒意，拖著魯肅說要回荊州再繼續喝，其他東吳將士一來見關公威風凜凜，二來怕魯肅有什麼閃失，不敢輕舉妄動，直到關公到江邊上了船，才放回魯肅。孫權忍無可忍，決定與曹操協議，共同出兵夾擊荊州。

曹操派遣駐兵在樊城的曹仁領軍攻荊州，消息傳來，關公先發制人，發兵攻下襄陽，包圍樊城；曹操連忙派遣大將于禁、副將龐德統率七路大軍前去救援，結果關公水淹七軍，生擒于禁、斬殺龐德，聲名威震四方，嚇得曹操差點要遷都來躲避關公的鋒芒。然而在攻樊城時，關公不慎被毒箭射中右臂，只好暫時休兵，名醫華佗聽說關公受傷，特地趕來替關公療傷，華佗說：「箭毒直透入骨，須以尖刀割開傷口，刮去骨上箭毒，才能敷藥治療。」關公說：「大丈夫死都不怕了，刮骨療傷有什麼好怕的？」於是一邊和馬良下棋，另一邊伸出右臂，讓華佗治療。只聽見華佗用尖刀刮骨，發出尖銳的聲響，在場所有人都不敢直視，只有關公依然喝酒下棋，神色自如，談笑如常，華佗說：「我一輩子替人治病，從來沒有遇過這樣的病人，將軍真是神人啊！」

就在對曹軍作戰接連告捷的時候，關公萬萬沒想到，從赤壁之戰以來的盟友孫權真的翻臉了，孫權以呂蒙為大都督，發兵偷襲荊州，荊州各城相繼被攻陷，關公接到後方傳來的噩號，連忙南撤，但身邊的士兵大多為荊州出身，家人都荊州城內，得知荊州被呂蒙占據，大家都無心戀戰，很多人逃走，軍隊漸漸潰散，無法再戰，關公只好敗走麥城，又因苦等不到援軍，最後與義子關平一起中伏，遭到孫權軍擒獲，關公寧死不屈，最後遇害。

據說關公死後魂魄一度徘徊不散，四處飄蕩，後來飄蕩到玉泉山上，山上有個叫普靜的老和尚，他原本是汜水關鎮國寺中的長老，後來因為雲游天下，來到此處，看到這裡山明水秀，就此定居下來，每日坐禪參道。有天晚上，月色皎潔，微風清涼，三更以後，普靜正在庵中默坐，忽聞空中有人不斷呼喊：「還我頭來！」普靜抬頭仔細一看，只見空中有一個人，騎著赤兔馬，提著青龍刀；左邊有一名白臉將軍、右邊有一名黑臉大鬍子相隨在側，三個人一起從雲端落至玉泉山頂。

普靜認得是關公，於是用手中拂塵敲門說：「雲長在嗎？」關公的魂魄立即下馬，乘風落於庵前，拱手問道：「請問師父法號？」普靜說：「老僧普靜，從前在汜水關前的鎮國寺曾見過您，您忘了嗎？」關公說：「之前曾蒙師父相救，銘記在心不敢忘。如今關某不幸被奸人所害，魂魄飄泊不定，希望師父指點迷津。」普靜說：「因果循環，報應不爽。將軍被呂蒙所害，大喊『還我頭來』，然而當年被你斬殺的顏良、文醜，還有眾多的刀下亡魂，又該向誰要頭呢？」於是關公恍然大悟，冤氣化散，英魂升天，後來常在玉泉山顯靈庇護人民，民眾感念關公的忠義及恩德，就在山頂上建廟祭祀，香火不息。

關於《三國志》

作者為蜀漢至西晉時期的歷史學者陳壽（233～297）。體例屬紀傳體，共六十五卷，記載魏、蜀、吳三國的歷史，分為魏、蜀、吳三志，為二十四史之一。

關於《三國演義》

作者為元末明初的小說家羅貫中（約1330～約1400）。全名為《三國志通俗演義》，中國第一部長篇歷史演義章回小說。羅貫中綜合民間傳說和戲曲、話本，結合《三國志》、《後漢書》、《資治通鑑》等史書改寫，描寫從東漢末年到西晉初年近百年間的歷史，為中國古典小說四大名著之一、四大奇書之一。

拯溺救難的媽祖

據說媽祖姓林名默，又稱默娘，是北宋時候福建莆田縣湄洲人。祖先世代為官，曾祖父曾在後周出仕，因有感於天下紛亂多事，於是棄官回到福建湄洲。父親曾擔任都巡檢，負責沿海治安巡邏；母親王氏，生了六女一男，默娘是家中最小的女兒。因為從出生一直到滿月都不曾啼哭，所以取名為默娘。

默娘從小就天資聰明，領悟力極高，喜歡一個人沉思；八歲的時候進私塾讀書，很快就能把老師教的文章朗朗上口，並且理解文章的意涵；因父母向來樂善好施，而且虔誠信奉神佛，默娘耳濡目染，十歲就跟著唸佛經，早晚都會焚香祭拜；十三歲的時候，有一個玄通道士到林家作客，看到默娘覺得很有慧根，傳授她「玄微祕法」，於是默娘靜修得道，可以預知人的禍福，引導人們趨吉避凶；十六歲時，村子裡發生傳染病，很多人重病不起，默娘研判是村子的水井被汙染，於是便深入井中探查原因，果然在井中發現引發病源的鼠疫，又在井中尋獲藏於井中的古籍仙書與銅符，默娘仔細研讀後，能夠通靈變化，降魔除妖，驅邪救世」。

有一天，默娘的爸爸和哥哥一起坐船出海，默娘和媽媽一起在房間操作織布機織布，默娘突然緊閉雙眼，神色大變，全身冒汗，雙手緊捉著織布機不放，媽媽在一旁被默娘的動作嚇了一大跳，連忙上前把默娘叫醒，問說發生了什麼事。默娘緩緩睜開雙眼，哭著說：「爸爸沒事了，但哥哥救不回來。」原來，他們在海上遇到船難，默娘感應到以後，靈魂立即出竅前去救援，但中途被母親喚醒，只救回父親，錯失救兄長的機會。因為這個遺憾，默娘決心終身不嫁，將全部的心思都放在努力解救眾人於災厄苦難之中。

當時桃花山上有兩個妖怪，一個有「千里眼」，能看到很遠的東西；另一個有「順風耳」，可以聽到很遠的聲音。這兩個妖怪時常騷擾附近民眾、到處為非作歹，大家苦不堪言，默娘聽到村民的心聲後，決定上山收妖。默娘與兩個妖怪鬥法，大戰三天三夜，終於成功將他們收服，兩個妖怪從此改過向善，成為默娘拯救苦難的左右手。

默娘二十九歲那年的九九重陽節前夕，她告訴家人說：「我想找個清靜的地方修行，明天是重陽節，正好可以登高遠行。」隔天一早，默娘獨自登上湄洲島，就在那裡昇天成仙。當地民眾因崇敬她，就在她昇天處立廟祭祀，也就是聞名中外的湄洲祖廟，因為默娘生前拯溺救難的事蹟，尊稱她為「靈女」，也稱為「娘媽」或「媽祖」。

默娘昇天以後，出現許多顯聖護國庇民的神蹟，因此常常受到歷代帝王的褒獎封誥，清聖祖康熙二十三年，封為「護國庇民妙靈昭應仁慈天后」；清宣宗道光十九年，封為「護國庇民妙靈昭應弘仁普濟天上聖母」。

清朝時，有許多漢人從中國大陸東南沿海地區渡過臺灣海峽移居臺灣，因臺海海況時常不佳，因此閩南人多把媽祖請來一起渡海，而媽祖也成為臺灣人最普遍信仰的神明。無論是大小村莊、山海聚落，還是都市城鎮，都可看到媽祖廟。

繫線定緣的月老

出自：《續玄怪錄》

唐代的杜陵有個叫韋固的人，從小父母親就過世了，所以他一直想要早點結婚，希望可以早點生小孩來傳宗接代。可是他的運氣很不好，幾次找媒人幫他介紹對象，卻一直失敗。

唐憲宗元和二年，韋固準備去清河遊歷，半路投宿在宋城南面的旅店，店裡有一個客人聽說韋固在找對象，便介紹前清河司馬潘昉的女兒給他，並和他約定隔天早上在旅店西邊的龍興寺門口見面。

韋固實在太想找到結婚對象了，一大清早就急著到約好的地點等待，那時天還沒全亮，還可以看到斜斜的月亮掛在天邊，月光還很明亮。他來到寺廟門口，看到有個老人倚靠著一個布巾袋子，坐在廟前的階梯上，藉著月光在看書。韋固偷偷瞄了一下老人看的書籍，卻看不懂書上的文字，忍不住開口詢問：「老先生看的是什麼書啊？我從小就刻苦學習，幾乎沒有不認識的字，就連西方的梵文，我也略懂一些，但只有您這本書上的文字，卻是從來沒有看過，不知道是為什麼呢？」老人看了看韋固，笑著說：「這本書不是人間的書，你當然不會看過。」韋固又接著問：「那麼這是什麼書呢？」老人說：「這是陰間的書籍。」韋固嚇了一跳，又說：「您是陰間的人？為什麼現在出現在這裡？」老人笑著說：「是你自己太早來了，不是我不應該在這裡。陰間的官吏還是要管理陽間的事務，當然還是會穿梭在陰陽兩界，老實告訴你，現在路上來來往往的人，其實一半是人一半是鬼，只是你無法分辨罷了。」

韋固覺得不可思議，又好奇地問：「老先生您掌管是事務是什麼呢？」老人說：「我啊，管理全天下的婚姻大事。」韋固聽了，興奮地追問：「我從小就父母雙亡，曾經發願要早點娶妻，希望可以多生一些小孩來傳宗接代、延續香火，可是十多年來，我多方尋找，卻始終無法如願。今天和人約在這裡，那人說要介紹潘司馬的女兒給我，請問這次可以成功嗎？」老人說：「沒辦法。假如命中注定不能結合，就算是豪門貴族降低身分向低賤的屠夫、賭徒之女求親，也不可能成功，何況是郡佐的女兒呢？你的妻子現在才三歲而已，要等到她十七歲的時候，才會嫁入你家。」

韋固覺得無法置信，於是趕緊轉換話題，問老人布袋裡面放的是什麼東西。老人打開袋子，拿出一條一條的紅色繩子，一邊說：「這是紅繩，用來繫在夫妻的腳上，當他們出生以後，我就會偷偷用紅線將他們繫在一起，如此一來，就算兩家是仇敵、身分貴賤差距懸殊、或是在天涯海角當官，還是相隔千山萬水，只要這條紅繩綁上去，就一生一世也逃不了。你的紅繩已經和那個女孩綁在一起了，你現在再怎麼追求別的女子也是徒勞無功的。」韋固順勢又問：「我的妻子在哪裡？家裡是做什麼的？」老人說：「她是旅店北邊賣菜婦人的女兒。」韋固問：「我能去看看她嗎？」老人說：「那個賣菜的陳姓婦人，常常會抱著她來賣菜，你跟著我走，我指給你看。」

此時天亮了，但跟韋固約定的人卻遲遲沒有出現，老人捲起書，背起布袋，準備離開，韋固連忙跟在老人的身後，一起來到菜市場。不久，看到有一個瞎了一隻眼睛的婦人抱著一個三歲小女孩走來，外表看起來骯髒醜陋。老人指著女孩說：「這就是你未來的妻子。」韋固生氣地說：「我殺了她不就行了嗎？」老人笑著說：「這個女孩命中大富大貴，將來還會跟著你享福，怎麼可能被殺害呢？」說完老人就不見了。

韋固氣得大罵：「這個老頭滿嘴胡說八道！我是官宦人家的子弟，娶妻一定要門當戶對，就算無法和良家婦女成婚，也可以從歌妓中挑選一個美女扶正，怎麼能娶那個瞎眼老太婆的醜女兒呢？」於是親自磨利了一把刀子，交給一個僕人說：「你做事向來能幹可靠，你去替我殺了那個女孩，我賞賜你一萬錢。」僕人說：「沒問題，交給我吧。」

第二天，僕人把刀藏在袖子裡，來到熱鬧的菜市場，趁著人多混亂時向那女孩刺了一刀，接著拔腿就跑。突然發生行凶殺人的事件，一時之間市場亂成一團，僕人得以趁亂逃走，沒被抓住。回家之後，韋固急忙問僕人：「你有順利刺殺她嗎？」僕人回答：「我本來想刺她心臟的，可惜慌亂中只刺到眉間。」韋固心想：「這麼小的女孩，就算沒刺中心臟，刺中眉間應該也是活不成了。」因此就沒再把這事放在心上。後來，韋固還是不死心地到處尋求結婚的對象，但最後都以失敗告終。

又過了十四年，韋固靠著父親以前的關係，到相州刺史王泰的手下任職，負責管理訴訟案件、審問囚犯。王泰覺得韋固很能幹，決定把女兒嫁給他。王泰的女兒約十六、七歲，長得很漂亮，韋固很滿意這門親事，夫妻感情也很融洽。只是韋固發現妻子的眉間總是貼著一片花鈿，即使洗澡沐浴或是私下獨處時，也從來不願把花鈿拿下。

過了一年多，韋固覺得很奇怪，突然想起當年僕人說過用刀子刺中女孩眉間的事，因此向妻子逼問詳情。

妻子流著眼淚說：「其實我是郡守大人的侄女，不是他的親生女兒。我父親生前曾擔任宋城縣令，不幸死在任上，那時我還在襁褓之中，後來母親和哥哥也接連去世，留下一座在宋城南邊的莊院，我的奶媽陳氏帶著我住在裡面，靠著賣菜維生。奶媽可憐我年紀太小，不忍心把我一個人丟在家裡，常抱著我一起去市場賣菜。在我三歲時，她抱著我到菜市場裡，沒想到被一個壞人用刀子刺中眉心，刀的傷疤至今仍在，我怕嚇到別人，所以總是用花鈿蓋住。七、八年前，叔叔來到盧龍任職，就把我接過去收養，從此便跟在叔叔身邊，之後以他女兒的名義嫁給你。」

韋固聽完大吃一驚，問說：「你說的奶媽陳氏，是不是有一隻眼是瞎的？」妻子說：「對，你怎麼知道的？」韋固說：「當年派人刺殺你的人，就是我啊！命運實在太奇妙了，果然都是命中注定啊！」接著把整件事情的經過都告訴妻子。從此夫妻感情更加恩愛，還生了個男孩，取名叫做「韋鯤」。韋鯤後來當上雁門太守，母親也因而獲封為太原郡太夫人。

從這件事情之後，人們深刻了解到命中注定之事，是人力無法改變的。宋城縣令知道這個故事後，就把那家旅店題名為「定婚店」。至於那個老人，就是我們現在說能夠幫人綁紅線、牽姻緣的月下老人。

◆杜陵韋固，少孤，思早娶婦，多歧求婚，必無成而罷。元和二年，將遊清河，旅次宋城南店。客有以前清河司馬潘昉女見議者，來日先明，期於店西龍興寺門。固以求之意切，旦往焉。斜月尚明，有老人倚布囊，坐於階上，向月撿書。固步覘之，不識其字。既非蟲篆八分科斗之勢，又非梵書。因問曰：「老父所尋者何書？固少小苦學，世間之字，自謂無不識者，西國梵字，亦能讀之；唯此書目所未覿，如何？」老人笑曰：「此非世間書，君因何得見？」固曰：「非世間書則何也？」曰：「幽冥之書。」固曰：「幽冥之人，何以到此？」曰：「君行自早，非某不當來也。凡幽吏皆掌人生之事，掌人可不行冥中乎？今道途之行，人鬼各半，自不辨爾。」

固曰：「然則君又何掌？」曰：「天下之婚牘耳。」固喜曰：「固少孤，常願早娶，以廣胤嗣。爾來十年，多方求之，竟不遂意。今者人有期此，與議潘司馬女，可以成乎？」曰：「未也。命苟未合，雖降衣纓而求屠博，尚不可得，況郡佐乎？君之婦，適三歲矣。年十七，當入君門。」

因問「囊中何物？」曰：「赤繩子耳。以繫夫妻之足。及其生，則潛用相繫，雖讎敵之家，貴賤懸隔，天涯從宦，吳楚異鄉。此繩一繫，終不可逭，君之脚，已繫於彼矣。他求何益？」曰：「固妻安在？其家何為？」曰：「此店北，賣菜陳婆女耳。」固曰：「可見乎？」曰：「陳嘗抱來，鬻菜於市，能隨我行，當即示君。」

及明，所期不至。老人卷書揭囊而行。固逐之，入菜市，有眇嫗，抱三歲女來，弊陋亦甚。老人指曰：「此君之妻也。」固怒曰：「煞之可乎？」老人曰：「此人命當食天祿，因子而食邑，庸可煞乎？」老人遂隱。

固罵曰：「老鬼妖妄如此。吾士大夫之家，娶婦必敵，苟不能娶，即聲伎之美者，或援立之，奈何婚眇嫗之陋女？」磨一小刀子，付其奴曰：「汝素幹事，能為我煞彼女，賜汝萬錢。」奴曰：「諾。」明日，袖刀入菜行中，於眾中刺之，而走。一市紛擾。固與奴奔走，獲免。問奴曰：「所刺中否？」曰：「初刺其心，不幸才中眉間。」爾後固屢求婚，終無所遂。

又十四年，以父蔭參相州軍。刺史王泰俾攝司戶掾，專鞫詞獄，以為能，因妻以其女。可年十六七，容色華麗。固稱愜之極。然其眉間，常帖一花子，雖沐浴閒處，未嘗暫去。歲餘，固訝之，忽憶昔日奴刀中眉間之說，因逼問之。妻潸然曰：「妾郡守之猶子也，非其女也。疇昔父曾宰宋城，終其官。時妾在襁褓，母兄次沒。唯一莊在宋城南，與乳母陳氏居。去店近，鬻蔬以給朝夕。陳氏憐小，不忍暫棄。三歲時，抱行市中，為狂賊所刺。刀痕尚在，故以花子覆之。七八年前，叔從事盧龍，遂得在左右。仁念以為女嫁君耳。」固曰：「陳氏眇乎？」曰：「然。何以知之？」固曰：「所刺者固也。」乃曰：「奇也！命也！」因盡言之，相欽愈極。後生男鯤，為鴈門太守，封太原郡太夫

人。乃知陰騭之定，不可變也。宋城宰聞之，題其店曰：「定婚店。」——《續玄怪錄》

關於《續玄怪錄》

作者為唐代文人李復言，生卒年不詳，傳奇小說集。因續唐代牛僧孺所撰之《玄怪錄》一書而得名，共五卷，宋代因避趙匡胤始祖玄朗之諱，改名《續幽怪錄》。除了本篇之外還有傳奇小說名篇《杜子春》。

灶王爺的故事

據說灶神本名叫做張單，妻子叫做丁香。張家有幾塊田，生活雖算不上富裕，但日子還算過得去，丁香善良賢慧，辛勤持家，照顧年邁的公婆，一家人生活平淡平穩。

但是，張單受不了粗重的農活，不願一輩子辛苦種田，想要外出做生意，儘管父母、妻子都極力勸阻，張單還是不顧眾人反對，堅持離家。這一走就是好幾年音訊全無，丁香獨自一人扛起照顧公婆的責任，刻苦耐勞，努力維持家計，而二老則因思念兒子，先後病倒，不久就接連去世了，留下丁香孤伶伶一個人，日夜盼望丈夫早日歸來。

又過了一陣子，丈夫終於回家了，而且經商致富，帶了不少錢財回來。丁香持家有術，靠著丈夫帶回來的錢，幾年下來，家業日益興旺，牲畜、田產愈來愈多。然而，張單卻飽暖思淫欲，慢慢嫌棄丁香人老珠黃，開始流連酒館妓院，甚至迷戀妓女海棠，這海棠長得美豔動人，看到張單被自己迷得神魂顛倒，便不斷催促他幫自己贖身，帶自己回家。張單禁不住海棠的央求，真的帶海棠回家，還隨便找了藉口把丁香休了，趕出家門。

因為丈夫移情別戀，丁香感到傷心欲絕，離開家後不知該何去何從，只能像個行屍走肉似的，漫無目的的一直往前走，走到走不動了，也不知道走到了什麼地方，在身心俱疲之下，就昏倒在路旁。

過了好久，丁香悠悠地醒了過來，發現自己躺在一個陌生的房間裡，原來是一個好心的老婆婆發現倒在路邊的丁香，把她給救回家，老婆婆問：「你怎麼會一個人倒在路邊，你的家人呢？」丁香把自己被張單拋棄的事，全部告訴這個婆婆，也把心中的委屈全部傾訴出來，婆婆說：「真是可憐的孩子。我家裡只有我和我兒子，生活簡簡單單，如果你暫時不知道要往哪裡去，可以先在這裡住下來，再慢慢想未來的打算。」於是，丁香就在這個小村莊住了下來。

日子一天一天過去，丁香每天協助婆婆整理家務，幫忙餵養牲畜，心情漸漸平靜下來；婆婆的兒子個性質樸敦厚，對待丁香溫柔體貼，兩人朝夕相處，日久生情，就在婆婆的見證下，兩人結為連理，從此過著幸福安定的生活。

至於張單，把海棠娶進門後，兩人整天只顧著花天酒地，無心操持家務，也不事生產，短短的幾年間，坐吃山空，把家業敗光，房屋、土地都一一變賣，最後連吃飯都成了問題，後來張單病倒，海棠居然就丟下他不管，自己跑了。張單又窮又病，無法工作，只能淪落為乞丐，沿街乞討。

緣分有時非常神奇，有一天，張單要飯來到一戶人家，女主人心腸好，帶他到廚房，煮了一大碗麵給他吃，張單餓了幾天，沒兩下就把麵吃個精光，又向女主人說：「大娘，行行好，我已經好幾天沒吃東西了，可以再給我一碗麵嗎？」女主人看了他一眼，也沒多說什麼，又給了他第二碗麵，張單接過麵，又是沒兩下就把麵吃完了，這時卻突然發現碗底放著一根髮簪，那是當年自己送給前妻丁香的。

原來，這個女主人就是丁香，她認出了張單，看他現在這樣落魄潦倒，於是拔下髮簪藏在麵下，希望讓他拿去換點錢謀生。

張單也認出丁香了，想起當年一時鬼迷心竅，居然為了海棠，不分清紅皂白地把丁香趕走，如今卻被丁香以德報怨，覺得萬分羞愧、無地自容，覺得沒臉再見丁香，於是一頭撞死在灶上。

這時候，正好有一個巡邏的天神路過，於是帶著張單的魂魄去見天帝，回報這件事，天帝覺得張單生前雖然做了不少錯事，但死前能有羞恥心，對自己過去所為感到後悔，也算知錯能改，既然他是死在灶上，且死後還一直掛念丁香的恩德，索性封他為灶神，讓他可以就近守護丁香，償還過去的罪過，並要他看管著人間的善惡是非，每年臘月二十三上天匯報。

張單死後，丁香感念曾經夫妻一場，每天對著灶焚香祭拜，有人看到了覺得很好奇，她就說：「這是要感謝灶和鍋子，讓我們可以煮飯燒菜。」大家覺得很有道理，於是家家戶戶都跟著拜起灶和鍋子來。

每當灶神要上天之日，人們總會擺上糖瓜、湯圓等甜品作為祭品，並張貼「上天言好事，下界保平安」的對聯於兩側，提醒灶神多為百姓說好話，也希望灶神吃了甜品後能夠嘴甜。

有此一說

中國很早就有祭灶的習俗，《禮記．月令》裡提到「臘先祖五祀。」鄭玄注：「五祀，門、戶、中霤、灶、行也。」這是五種與百姓日常生活密切相關的事物。在古籍裡有灶神是祝融、重黎或炎帝等人的記載，大概都與掌管火有關。唐代《酉陽雜俎》裡說：「灶神名隗，狀如美女。又姓張名單，字子郭。夫人字卿忌，有六女，皆名察洽。常以月晦日上天白人罪狀，大者奪紀，紀三百日，小者奪算，算一百日。故為天帝督使，下為地精。」民間最普遍的說法是灶神叫張單，並有負心漢、窮鬼懶漢變成灶神的傳說。灶神又稱灶王爺，灶君，在道教裡稱為「司命真君」，據說是玉皇大帝派遣到人間考察該戶人家善惡的官，被他查到罪狀大的要減壽三百天，罪狀小的減壽一百天。

王母娘娘的故事

出自：《道藏》、《穆天子傳》、《漢武帝內傳》

傳說在宇宙從混沌漸漸到天地初分的時候，由東華至陽之氣化生出木公，又稱為東王公，由西華至妙之氣化生出金母，又稱西王母；東王公居於東方的蓬萊仙島，西王母居於西方崑崙山上的瑤池，天上天下的仙人都由他們兩位大神管理。西王母主宰陰氣及生育萬物，並且掌管著不死的靈藥；西王母還在崑崙仙山上種植蟠桃，蟠桃三千年才結一次果實，普通人食用之後能夠起死回生、長生不老。

西周穆王到西方巡遊時，偶然路過西王母所在的崑崙山，向西王母獻上白色的圭玉及黑色的璧玉，還準備一百匹錦緞、三百匹白綢做為見面禮，西王母收下周穆王的獻禮，並在瑤池宴請周穆王。兩人相處時間雖然短暫，情感卻很深厚，臨別之時，西王母依依不捨，作歌贈送給周穆王，問說：「假如你能平安無事，你還願意再來看我嗎？」周穆王則回說：「給我三年的時間，等我安定天下百姓，我一定會來看你。」西王母說：「我是天帝之女，雖位居荒野，但也是雄霸一方，如今要面臨分離，我仍希望你能再來，並祝福你能完成天命所賦予的使命。」周穆王於是登上日落之處的弇茲山，在石頭上留下紀錄，這座山就叫西王母之山。只是，三年之約到期，周穆王卻未再來，留下西王母獨自思念、獨自等待。唐代詩人李商隱有一首〈瑤池〉，寫出了西王母的心情：

瑤池阿母綺窗開，簧竹歌聲動地哀。八駿日行三萬里，穆王何事不重來？

到了漢朝的時候，武帝劉徹是一個雄才大略的皇帝，多次派軍北伐匈奴，建立前所未有的武功；然而，隨著年紀增長，看到自己日漸衰老，武帝希望能夠長生不死，於是多次封禪泰山、遠赴東海，幻想能夠遇到神仙。漢武帝一心訪仙尋道，日夜不停地祈求，誠心終於打動了西王母，派遣仙女告知武帝將於七月七日那天來訪。武帝受寵若驚，將朝廷的政務都交給大臣處理，自己則是靜心齋戒，耐心等候西王母的降臨。

七月七日那天，漢武帝在承華殿為王母設好寶座，準備上好的果品與美酒，他身著華麗的禮服，恭敬地站在玉階下，靜靜地等候西王母。到了深夜二更時分，西王母果然乘坐著由九色紋龍駕駛的紫雲仙車降臨，同時伴隨著悅耳的簫鼓仙樂，散發耀眼的光芒，把宮殿映照得絢麗明亮。王母由兩名侍女攙扶著上了大殿，模樣看起來三十歲左右，容貌端麗，姿色絕倫，是位不折不扣的仙人。

西王母登上武帝為她準備的寶座，招呼武帝入座，宴會中二人談笑風生，王母命侍女呈上仙桃，沒多久，侍女端上來一個玉盤，盤中盛著七顆仙桃，每顆仙桃圓潤飽滿，表面散發淡淡的青色光澤。西王母把四顆仙桃拿給漢武帝，自己則吃了三顆。漢武帝吃完仙桃，覺得味道甘美，口中充滿仙桃的芬芳。武帝把桃核小心翼翼地保存起來，想要試著栽種看看，西王母看到以後，笑著說：「這仙桃三千年才開一次花，結一次果，人間的土地過於貧瘠，就算種了也無法生長。」宴會結束前，西王母告誡漢武帝：「你能夠誠心誠意修仙悟道，值得肯定讚許，只要一心向善，自然會有功德圓滿的一天，但別忘記你的臣民百姓，務必要善理朝政，善體民心。」說完之後，飄然離去。

在西王母的加持護佑之下，漢武帝果然一帆風順，國泰民安。然而，隨著國力越來越強大，漢武帝也越來越驕縱，極盡奢華，大興土木，建造宮殿陵墓，蒐羅奇珍異寶，甚至不顧國內發生災荒，徵用全國大量的人力、物力遠征大宛和匈奴，造成老百姓妻離子散，民不聊生，怨氣直衝天庭，西王母知道以後非常生氣，也對漢武帝非常失望，決定不再護佑武帝，並降下災禍，於是漢武帝的運勢就到了盡頭。

◈（東華帝君）先以東華至真之氣，化而生木公焉，木公生於碧海之上，……亦號曰東王公焉。又以西華至妙之氣，化而生金母焉……與東王公共理二氣，而養育天地，陶鈞萬物矣。——《道藏・搜神記》

◈天子賓於西王母。乃執白圭玄璧，以見西王母好獻錦組百純，素組三百純，西王母再拜受之。乙丑，天子觴西王母於瑤池之上。西王母為天子謠，曰：白雲在天，丘陵自出。道裡悠遠，山川間之，將子無死，尚能復來。天子答之曰：予歸東土，和治諸夏。萬民平均，吾顧見汝。比及三年，將復而野。西王母又為天子吟曰：徂彼西土，爰居其野。虎豹為群，於鵲與處。嘉命不遷，我惟帝女。彼何世民，又將去子。吹笙鼓簧，中心翺翔。世民之子，惟天之望。天子遂驅升于弇山，乃紀名迹于弇山之石，而樹之槐眉，曰西王母之山。——《穆天子傳》

◈孝武皇帝，景帝子也。……及即位，好長生之術，常祭名山大澤，以求神仙。至七月七日，乃修除宮掖之內，設座殿上，以紫羅薦地，燔百和之香，張雲錦之帳，燃九光之燈，設玉門之棗，酌蒲萄之酒，躬監肴物，為天官之饌。帝乃盛服立於陛下，敕端門之內，不得妄有窺者。內外寂謐。以俟雲駕。至二唱之後，忽天西南如白雲起，郁然直來，徑趨宮庭間。須臾轉近，聞雲中有簫鼓之聲，人馬之響。……唯見王母乘紫雲之輦，駕九色斑龍……。王母唯扶二侍女上殿，……視之可年三十許，修短得中，天姿掩藹，容顏絕世，真靈人也。……因呼帝共坐，帝南面，向王母。母自設膳，膳精非常。豐珍之肴，芳華百果，紫芝萎蕤，紛若填樏。清香之酒，非地上所有，氣殊絕，帝不能名也。又命侍女索桃，須臾，以盤盛桃七枚，大如鴨子，形圓，色青，以呈王母。母以四枚與帝，自食三桃。桃之甘美，口有盈味。帝食輒錄核。母曰：「何謂？」：王母問帝。帝曰：「欲種之耳。」母曰：「此桃三千歲。一生實耳，中夏地薄，種之不生如何！」帝乃止。……帝自受法，出入六年，意旨清暢，高韻自許，為神真見降，必當度世。恃此不修至德，更與起台館，勞弊萬民，坑降殺服，遠征夷狄，路盈怒嘆，流血膏城，每事不從。至太初元年，十一月乙酉，天火燒柏梁台，……王母當知武帝既不從訓，故火災耳。——《漢武帝內傳》

關於《道藏》

《道藏》是匯集大量道教經典及相關書籍的叢書，唐玄宗時的《開元道藏》，是中國歷史上第一部正式完整的道藏。明代的《正統道藏》是明成祖下令編修，至英宗正統十年（1445）完成的，有五千三百零五卷，萬曆三十五年完成的《續道藏》是其續集，有一百八十卷。現今所稱《道藏》是指《正統道藏》與《萬曆續道藏》的合印本。

關於《穆天子傳》

作者不詳，又名《周王遊行》，約成書於戰國時期，內容主要記錄周穆王巡遊之事，包括到崑崙山見到西王母，神話色彩強烈，西晉郭璞曾為之作注。

關於《漢武帝內傳》

作者舊題為東漢班固，但根據考證，應為魏晉間士族道教徒所作。書中自漢武帝出生寫起，直至死後，主要記述漢武帝求仙，得西王母授書故事，文字華麗，運用了漢賦排比對偶的誇張手法。

捉鬼的鍾馗

出自：《斬鬼傳》、《夢溪筆談》

相傳鍾馗是唐朝人，家住在陝西省秦嶺中段終南山下的終南鎮，從小聰穎好學，博覽群書，學富五車；然而，鍾馗的長相非常醜陋，他的皮膚黝黑，有著像銅鈴般的大眼睛，頭髮是像蓬草一樣的爆炸頭，還有著滿臉的絡腮鬍，外表看起來有如凶神惡煞，一點都不像是讀書人。

鍾馗的個性正直剛烈，向來嫉惡如仇，很得到鄉人的敬重。後來鍾馗進京參加科舉考試，一舉中第，名列榜首，然而皇帝在殿試召見新科狀元時，卻因為看到鍾馗相貌醜陋，不願錄取鍾馗作為狀元。

他說：「歷任狀元個個氣質出眾，如果讓這個面目猙獰的人當選狀元，恐怕會讓人嘲笑。」宰相也不喜歡鍾馗的長相，隨聲附和，於是鍾馗的狀元硬是被取消了。鍾馗聽到他們這麼說，氣得怒髮衝冠，一頭撞死在宮殿的臺階上。皇帝沒想到鍾馗如此剛烈，心中後悔不已，知道自己害死一個人才，於是下令以狀元的身分厚葬鍾馗。

鍾馗的冤魂帶著滿腔不甘心的怨氣，來到了陰曹地府，他一走進森羅殿，閻王原本要給這個新來的鬼魂下馬威，沒想到鍾馗不但絲毫不屈服，反而破口大罵：「人間的皇帝不識賢愚，以貌取人，沒想到你這個陰間的青天，一樣不分是非對錯，只顧著賣弄自己的權威，這世間還有天理正義嗎？」於是隨手拿起一根金光閃閃的狼牙棒，在森羅殿上胡亂揮舞起來，到處追打地府的大鬼、小鬼，甚至連閻羅王都被他的氣勢嚇到。

這麼一鬧之下，驚動了天帝，他問明鍾馗的冤屈，心想這樣的人連鬼看了都怕，不如就讓他管理這些妖魔鬼怪吧，於是賜鍾馗青鋒寶劍，封他為「驅魔真君」，在人間負責驅鬼和捉鬼。

唐開元年間，玄宗皇帝巡察完驪山返回宮中以後，開始覺得身體不大舒服，御醫們想盡辦法，治了一個多月，吃了無數湯藥，病情卻始終不見改善。

一天晚上，玄宗在高燒中昏昏入睡，忽見有個小鬼走進屋內，穿著紅色衣衫，長個牛鼻子，光著一隻腳，手上拿著一把破紙扇，大搖大擺地拿了楊貴妃的繡花香囊和自己的玉笛，就繞著宮殿跑走了。唐玄宗見狀，正準備大聲斥責時，突然看到一個巨大的身影追了上去，這個人一頭蓬亂頭髮、一臉虬髯大鬍，面目猙獰，身穿藍袍，裸露一臂，腳上穿著皮靴。他不費吹灰之力，一伸手便抓住那個小鬼，還挖出小鬼眼珠，然後把小鬼折成兩半，最後一口吞了下去。

唐玄宗嚇得魂不附體，連忙問說：「你是什麼人？」那人恭敬地回答：「臣是終南山的鍾馗，當年赴長安參加科舉考試，因外貌凶惡，未得皇帝青眼，一怒之下，撞殿前階石而死。幸蒙皇帝以狀元之禮厚葬，感激不盡，如今被天帝封為驅魔真君，發誓要替人間除盡天下鬼魅妖孽。」

他的聲音洪亮，有如打雷一般，把唐玄宗從睡夢中嚇醒，醒來後，發現身體好像退燒了，覺得精神也恢復了，不再有不舒服的感覺，連忙派人把名畫家吳道子召到宮內，將夢中的情景告訴他，要吳道子依照他的夢境把鍾馗畫出來，懸掛在宮中以避邪鎮妖，並詔告天下，要大家在歲暮除夕時將鍾馗像貼在家門上。

從此以後，民間便有了每逢除夕，家家戶戶懸掛「鍾馗像」的習俗。

◆明皇開元講武驪山，幸翠華還宮，上不懌，因痁作，將逾月，巫醫殫伎，不能致良。忽一夕，夢二鬼，一大，一小。其小者衣絳犢鼻，屨一足，跣一足，懸一屨，握一大筠紙扇，竊太真紫香囊及上玉笛，繞殿而奔。其大者戴帽，衣藍裳，袒一臂，鞹雙足，乃捉其小者，刳其目，然後擘而啖之。上問大者曰：「爾何人也？」奏雲：「臣鍾馗氏，即武舉不捷之進士也，誓與陛下除天下之妖孽。」乃詔畫工吳道子，告之以夢曰：「試為朕如夢圖之。」道子奉旨，恍若有睹，立筆圖訖以進，以瞠視久之，撫幾曰：「是卿與朕同夢耳，何肖若此哉！」道子進曰：「陛下憂勞宵旰，以衡石妨膳，而痁得犯之。果有蠲邪之物，以衛聖德。」因舞蹈上千萬歲壽。上大悅，勞之百金。批曰：「靈祗應夢，厥疾全瘳。烈士除妖，實須稱獎。因圖異狀，頒顯有司。歲暮驅除，可宜遍識，以祛邪魅，兼靜妖氛。詔告天下，悉令知委。——《夢溪筆談》

關於《斬鬼傳》

作者為清朝小說家劉璋（1667～?），全書共有十回，內容為藉鐘馗斬鬼故事而寫成的諷世小說。

關於《夢溪筆談》

作者為北宋科學家沈括（1032～1096），全書分十七門，共六〇九條，以筆記體方式記錄見聞和心得，記載了許多珍貴的工藝創造，包括畢昇發明的活字印刷術，其中談及自然科學的條目約占全書三分之一。

有此一說

本篇鍾馗故事是結合了《斬鬼傳》和《夢溪筆談》的記載，《斬鬼傳》故事背景在唐代德宗年間，《夢溪筆談》則是唐玄宗時代。萬歷年間無名作者所寫的《鍾馗全傳》，是最早敘述鍾馗完整經歷的，包括其生平、考科舉不第、觸死金階到斬妖除魔，清代《斬鬼傳》即以此為本，加入大量諷刺元素。關於鍾馗的起源，早期認為鍾馗的原型是古代逐鬼法器「終葵」，由讀音相同延伸而來。現代學者胡萬川認為醜陋的鍾馗，其實是古時驅鬼逐疫的大儺祭祀主持者「方相氏」的轉化。

土地公傳說

相傳在周朝的時候，有一個人名叫張福德，出生於周武王二年的二月二日，從小聰明伶俐，而且對父母極為孝順。他在三十六歲時當上朝廷的總稅務官，為官清廉正直。他非常愛護百姓，如果百姓一時無法繳清稅款，他會試著了解原因，儘量寬延繳納的日期；要是有人遇到重大變故無法繳稅，他還會用自己的錢先貼補；百姓們遇到困難時，他也會盡力給予幫助。

周穆王三年，張福德以一百零二歲的高壽過世，死後過了三天，容貌始終不變，看起來好像只是睡著而已，讓前來弔祭的民眾嘖嘖稱奇，讚歎不已。張福德死後，改由魏超接任總稅官，這個人愛財如命，對待百姓非常苛刻，不但催逼百姓納稅，只要稍有不順他的意，動輒打罵羞辱，仗著位高權重，在鄉里間橫行霸道，大家都敢怒不敢言。

百姓想起張福德的好，對他念念不忘，有人在田間用三塊大石頭疊成石屋來祭祀他，希望他能保祐平安，結果真的家業興盛，於是用他的名字尊稱他為「福德正神」。大家看到了，紛紛前來祭拜，各地也出現愈來愈多祭祀「福德正神」的廟宇，他也成為地方上的土地神。

門神的故事

出自：《西遊記》

唐太宗貞觀十三年時，長安城裡有位算命先生叫袁守誠，聲稱能知陰陽，斷生死。當時有個在涇河捕魚的漁夫，向袁守誠詢問要去哪裡才能捕到大魚，袁守誠就指引他在何時到何處下網捕魚，漁夫果然滿載而歸，順利捕捉許多涇河的水族和魚類。涇河龍王知道了以後非常生氣，覺得這個算命先生害他的部下被漁夫捕捉，準備去找袁守誠的麻煩。

涇河龍王化身成為一個白衣書生，在長安的大街上找到袁守誠的卜卦攤，他原本想當場發作，但看到袁守誠的相貌不凡，也不敢貿然挑釁，決定先試試他的能力，於是走到攤子前說要問卦。

袁守誠問：「請問先生今天來要問何事？」龍王想了想，說：「幫我算一下，長安什麼時候會下雨？」袁守誠聽完立即卜了一卦，說：「明天就會下雨了。」龍王又接著問：「明日什麼時候下雨？會下多少雨？」袁守誠說：「明天的午時開始下雨，一共下雨三尺三寸零四十八點。」龍王笑著說：「你可不要開我玩笑，要是明天真的依你所說的時間和雨量降雨，我就送你黃金五十兩；但要是明天無雨，或是沒有按照你所說的時間或雨量降雨，那就別怪我不客氣，我就要砸了你的攤子，扯碎你的招牌，把你趕出長安城，從此以後不准在這裡妖言惑眾！」袁守誠欣然回答：「沒問題，等明天下過雨後，等您大駕光臨。」

涇河龍王心想：「我可是負責降雨的龍神，這個小小的凡人，怎麼可能比我還清楚天上下雨的時間？這場賭局，我是贏定了。」誰知道一回到涇河水府，就接到天上的命令，明日要在長安降雨，而且時辰與雨量和袁守誠所說的一模一樣。龍王大驚失色，沒想到人間竟然有人真的可以通天曉地，但他個性剛強好勝，不肯輕易服輸，於是決定偷偷更改降雨的時辰，並減少降雨量。

隔天下完雨後，龍王再度化為人形，直接來到袁守誠的卜卦攤子前，一上來就把攤子給砸爛，一邊大吼著：「這個傢伙大言不慚，只會妖言惑眾，你算的卦一點都不準，趕快給我滾出長安城。」袁守誠聽完冷笑一聲，說道：「我這個小小的卜卦攤不值錢，但有人犯了死罪自己還不知道，我認得你，你是涇河龍王，你私自更改降雨時辰，又減少雨量，已經違犯了天條，恐怕難逃一刀，現在還有心情來砸我的攤子嗎？」

涇河龍王聽完以後嚇出一身冷汗，這才意識到自己闖下大禍，一時之間慌了手腳，後悔自己太過衝動，連忙跪倒在地，向袁守誠認錯，請他救命。袁守誠歎了一口氣說：「求我也沒用，我救不了你，頂多指點你一條活路。明日午時三刻，你將會被魏徵監斬，那魏徵是當朝丞相，你如果能趕快去拜託當今的唐太宗皇帝，請他幫你在魏徵那裡討個人情，也許還有一線生機。」

龍王連忙向袁守誠拜謝，匆匆趕往皇宮，一直等到子時，唐太宗李世民沉睡入夢之後，才潛入唐太宗的夢中，口中大叫：「陛下，救我！」唐太宗吃了一驚：「你是何人？朕要怎麼救你？」龍王於是把他違犯天條的經過詳細地告訴唐太宗，並哀求地說：「明日午時三刻，就是玉皇大帝召魏徵監斬我的時間，請陛下無論如何，在那段時間一定要把他留在身邊，不可以讓他離開。」唐太宗說：「魏徵是我的臣子，也是我最好的朋友，我一定可以救你，你放心吧！」龍王聽完才忐忑不安地離去。

唐太宗從睡夢中醒來，反覆思索龍王的請託，決定明天把魏徵留在身邊，不要讓他離開宮門，這樣應該就能達到龍王的要求。第二天早朝結束後，太宗特意把魏徵獨自留下，召至內殿，與他商討治國的規劃及施政的方向。不久，時間快接近午時，魏徵顯得有些坐立不安，太宗說：「陪我下盤棋吧，我們很久沒有對弈了。」魏徵不敢不答應，太宗命人送來棋盤，兩人就開始下起棋來。

兩人在棋盤上一陣廝殺，陷入僵局，輪到太宗時，他低頭沉思許久，等到準備下子時，發現魏徵竟已打起瞌睡，太宗本來就只是要拖延時間，見魏徵打盹，想他平日輔政辛勞，也不把他叫醒，眼看午時三刻已到，心想龍王應該已逃過一劫。原本熟睡的魏徵，額頭突然冒出許多汗珠，太宗猜想可能是天氣悶熱，心疼賢臣，於是親自拿扇子幫他搧風。

突然之間，殿門外傳來一陣驚呼，大將徐茂功、秦叔寶匆匆忙忙衝了進來，手上竟然提著一顆血淋淋的龍頭，慌亂地大叫：「啟稟陛下，天有異象發生，雲端之上，這顆龍頭突然從天而下！」太宗看著那顆龍頭，一雙眼睛直瞪著自己，不由得倒吸一口氣，嚇得向後倒退。這一陣喧鬧把魏徵吵醒，急忙向太宗告罪：「微臣萬死！跟陛下下棋居然打起瞌睡，請陛下寬恕微臣的怠慢之罪。」接著他看到那顆龍頭，驚呼：「這頭龍是臣剛才在夢中斬殺的，怎麼會在這裡？」太宗大驚：「賢卿剛才一直在這裡打盹，如何能夠斬殺此龍？」

魏徵回答：「此龍觸犯天條，天帝命臣於今日將他斬殺，臣雖然身在陛下面前對弈，卻在夢中駕雲提劍追斬此龍，誰知道這孽龍竟然不肯束手就戮，四處逃竄，臣一時間追趕不及，正在焦躁煩悶之際，幸好陛下為臣搧風，借著這陣涼風，讓臣得以加速追上孽龍，揮動手中寶劍斬下龍頭。」

太宗聽完之後，心中五味雜陳，一方面高興魏徵如此賢能，不愁國政無人輔佐，另一方面則是答應了要救龍王，如今不僅未實現諾言，更因自己的幫忙讓魏徵斬殺龍王，心中總有些忐忑不安。

當天深夜，太宗矇矓睡去，突然聽到宮門外傳來淒厲的哀號聲，接著看到無頭的龍王提著血淋淋的頭顱闖進來，大喊著：「李世民！還我命來！你明明答應要救我，怎麼反而幫助魏徵追斬我？趕快出來！跟我到閻王面前交代清楚！」太宗嚇得冷汗直流，卻怎麼也無法掙脫龍王糾纏，大叫一聲，才從夢中驚醒過來，但仍心有餘悸，久久不能平復。往後接連幾天，太宗夜夜被龍王鬼魂驚擾，竟然就此一病不起。

太宗病重，鄂國公尉遲恭與護國公秦叔寶入宮探視，得知太宗夜夜被鬼魂糾纏，於是秦叔寶說：「陛下放心，今晚臣與尉遲將軍把守宮門，看有什麼鬼祟敢上門。」當天晚上，兩位將軍全副武裝，持劍舉斧，金盔銀甲，威風凜凜地站立在宮門外鎮守。一整夜間，竟然再無半點聲響，也不見龍王的鬼魂，太宗得以一夜安寢無事。

往後幾天，在兩位將軍的守衛下，太宗睡得安穩，身體也漸漸康復起來。只是太宗不忍兩位將軍辛苦，總不能都要他們天天守著宮門，於是靈機一動，找來畫工將兩位大將軍威武的神態畫在宮門上，果然宮門從此再無鬼魂滋擾。於是，人們也學著將兩位將軍的畫像貼在門上祈求平安，就成了民間流傳至今的門神。

關於《西遊記》

作者為明朝的文學家吳承恩（1056~1582），一百回的章回體長篇神魔小說，書中講述唐三藏與徒弟孫悟空、豬八戒和沙悟淨一同前往西天取經的故事，為中國四大名著、四大奇書之一。

哪吒鬧海

出自：《封神演義》

商朝時，陳塘關有一位總兵，名叫李靖，他的夫人懷孕了三年六個月，結果生下一個大肉球，李靖嚇了一跳，說：「這一定是妖怪。」於是拿出寶劍揮向肉球，只見肉球裂成兩半，跳出一個白胖胖的小男嬰，眉清目秀，右手套著一個金鐲，肚腹上圍著一塊紅綾，眼放金光。夫妻倆驚異不已，李靖一把抱起孩子，看到他這麼可愛，不忍將他視作妖怪殺死，兩人心中感到又憂慮又歡喜。

隔天李靖有許多屬下來道賀他喜獲麟兒，這時外面突然有個道士求見，道士對李靖說：「貧道是乾元山金光洞的太乙真人，恭喜你生了一個男娃娃，這個孩子不是普通人，可否抱出來讓我看看？」李靖聽到道人這麼說，便叫僕人把兒子抱出來。道人接過孩子一看，問道：「他是什麼時辰出生的？」李靖說：「丑時生的。」道人說：「不好。」李靖一驚，問道：「這個孩子莫非不能養嗎？」道人說：「不是的。這個孩子生於丑時，正犯了一千七百殺戒。」又問道：「孩子可曾起名了？」李靖說：「還沒有取名字。」道人說：「讓我為他取個名字，收他為徒吧。」李靖高興地答應了，太乙真人便幫他取名為哪吒，他又說：「哪吒身上的金鐲是『乾坤圈』，紅綾是『混天綾。』乃是乾元山鎮金光洞之寶。」說完手一揮，就飄然離去。

一轉眼七年過去，有一天，哪吒和幾個小孩一起到九灣河邊玩耍，因為天氣炎熱，有人跳進河中洗澡，哪吒也跟著解下身上的混天綾在水裡抖了抖，想沾水擦身體，沒想到這條九灣河直通東海，混天綾在水中一晃，河面就掀起大浪，連東海龍王的水晶宮都劇烈搖晃起來。龍王嚇了一大跳，派了一個巡海夜叉到岸上看看發生什麼事。

夜叉鑽出水面一看，原來是幾個小孩在洗澡，他大吼一聲，想要把小孩們嚇跑，沒想到哪吒完全沒把他放在眼裡，夜叉一怒之下，舉起斧頭砍向哪吒，哪吒一邊側身閃躲，一邊取下乾坤圈，用力往夜叉扔去，這乾坤圈是太乙真人的寶物，小小的夜叉哪裡承受的住，乾坤圈直接打在夜叉的頭上，一擊斃命。

龍王聽說夜叉被打死了，叫他第三個兒子帶著蝦兵蟹將，上岸捉拿哪吒。龍王三太子衝出水面，對著哪吒大罵：「大膽的傢伙，居然敢打死巡海夜叉，我是東海龍王三太子，趕快束手就擒吧！」哪吒說：「你是龍王三太子，我是李家三公子，大家半斤八兩，誰也不怕誰。我們在這裡洗澡，那個夜叉無緣無故就拿斧頭要砍我，我只是用乾坤圈碰了他一下，他就死了，怎麼能怪我？」

三太子聽完更是火大，舉起手上的畫戟就刺，哪吒閃了過去，把混天綾往天空一扔，立刻化成一團團火焰，把三太子緊緊圍住，接著他又拿乾坤圈往三太子頭上一打，把三太子也打死了，其他蝦兵蟹將見狀四散逃回水裡；三太子死後現出原形，原來是一條小龍，哪吒抽出龍筋，打算送給父親當盔甲的束帶，開心地帶回家去。

龍王聽說兒子也被哪吒打死了，又傷心又憤怒，於是離開水晶宮，化身人形上岸找李靖討公道。龍王氣沖沖地對李靖說：「你的好兒子打死我家夜叉，又打死我的三太子，連龍筋都被他抽出來了！」李靖說：「你弄錯了吧，我的兒子哪吒才七歲，怎麼可能打死人？不然你等一下，我去叫他出來，看是不是弄錯人了。」

李靖到屋內的房間找到哪吒，問說：「你在做什麼？」哪吒回答：「我今天打死了一條小龍，抽了他的筋，正打算做一條束帶給你。」李靖這才知道哪吒闖下大禍，只好帶著他去見龍王。

哪吒看見龍王就說：「老伯伯，請別生氣，三太子拿畫戟要刺我，我不小心把他打死，實在不是故意的，請您原諒我的過錯。這是從他身上抽下來的龍筋，原封不動地還給您。」龍王看見兒子的龍筋，更加傷心，就說：「我的兒子豈能白白被打死？我明天就到天宮請玉帝幫我主持公道。」說完拂袖離去。

李靖夫婦聽到龍王要上天宮告狀，知道事情嚴重，輕一點哪吒也是小命不保，重一點恐怕全家都要抄家滅族，兩人相擁哭泣；哪吒不忍心看到父母傷心，決定去找師父想辦法。他到了乾元山金光洞，將事情經過告訴太乙真人，真人心想：「雖然哪吒無知，誤殺了龍王三太子，但這是天數。龍王為此要告上天庭也未免小題大作。」於是真人以手指在哪吒前胸畫了一道隱身符，吩咐哪吒在天宮的南天門攔住龍王，不要讓他去告狀，但也別將龍王打死。

哪吒抵達南天門時，時間還早，門還沒開，於是站門前等候，不久龍王也來了，但是因為哪吒身上有隱身符，所以龍王看不見他。哪吒一看到龍王，便拿起乾坤圈，從龍王背後一把將他打倒在地。龍王回頭一看到哪吒，殺子之仇從心裡湧現，立刻勃然大怒，破口大罵，哪吒被罵得一肚子火也熊熊燃起，一把揪著龍王，連續往龍王身上打了十幾拳，打到性起，直接用手把龍王身上的龍鱗扯了好幾片下來，龍王立刻鮮血淋漓，痛入骨髓，忍不住大叫救命：「饒了我吧，我不告狀了。」哪吒這才停手，說：「好，那你跟我回去吧！」他怕龍王半路上反悔逃走，要龍王變成一條小蛇，放在袖子裡帶回家。

哪吒回到家裡，看到父親李靖還在發愁，便說：「父親不用發愁，龍王不會去天宮告狀了。」李靖說：「你闖下大禍，還在那邊胡說八道。」哪吒說：「真的，我趕到南天門，攔住龍王，他答應不會再去告狀了。」李靖聽完半信半疑，哪吒說：「你不相信嗎？不然直接問問他吧！」接著把袖子一抖，抖出一條小蛇，小蛇一落地，就變回龍王了。龍王看到李靖，立刻怒氣沖沖地告狀，將哪吒把他打倒在地、扯他身上龍鱗的經過一口氣說了出來，並惡狠狠地說：「你們等著！我要約齊四海的龍王，一起來討回公道。」說完化成一陣清風離去。

不久，東海龍王真的請了南海、西海、北海的龍王，帶領許多的蝦兵蟹將前來，大喊著：「李靖出來！」李靖看到這麼大的陣仗，慌忙出門迎接，東海龍王一看到李靖，立刻大喊：「先捉老的，再捉小的。來人啊！把他綁起來！」蝦兵蟹將就奔上前去，把李靖綁了起來。

哪吒聽到屋外的喧鬧聲，從屋裡出來，看到李靖被綁，對東海龍王說：「『一人做事一人當。』打死夜叉和三太子的是我，殺人償命，我今天切腹、剜腸、剔骨肉，賠你一條命，你把我父親給放了。」說完，提起寶劍剖腹自殺，東海龍王看見殺子之仇已報，就放了李靖，收兵回去了。

哪吒的魂魄飄蕩到金光洞，尋找師父太乙真人。太乙真人從蓮池中取來蓮藕作為骨骼，以荷葉作為肌肉，又用蓮花花瓣擺成人形，最後放上一粒金丹，將哪吒的魂魄聚集，然後大喝一聲，哪吒就再度活了過來。哪吒復生以後，太乙真人又將火尖槍、風火輪、及一塊金磚傳給他，加上先前的乾坤圈、混天綾，哪吒帶著數樣寶物，叩謝師父，然後腳踩風火輪，手持火尖槍返回家中。

後來武王伐紂，哪吒憑藉一身的高強本領，同父親和哥哥們輔佐武王大業，立下許多功績，最後都被封神，成了神仙。

關於《封神演義》

作者可能是明朝文人許仲琳（生卒年不詳）或道士陸西星（1520～1606）。本書為神魔小說，又稱《封神榜》。全書以姜子牙輔佐周王伐紂的歷史為背景，描寫了諸仙鬥法封神的過程。

八仙過海

八仙指的是鐵拐李、漢鍾離、張果老、何仙姑、藍采和、呂洞賓、韓湘子與曹國舅，一共七男一女，分別代表著男、女、老、少、富、貴、貧、賤。八仙各自有專屬的法器，有著不同的神力。

有一天，八仙來到蓬萊仙閣上聚會，大家興高采烈地飲酒作樂，在酒酣耳熱的時候，鐵拐李突然遊興大發，對眾仙人說：「聽說蓬萊、方丈、瀛州三座神山風景怡人，我們要不要前去遊賞一番？」眾仙點頭道好，呂洞賓更提議說：「我們都是神仙，這一次渡海，大家都不要乘船，憑著各自的拿手本領，踏浪過海，各顯神通，你們覺得怎麼樣？」眾仙聽了齊聲附和，個個躍躍欲試，一齊動身來到海邊。

漢鍾離率先把手上的大芭蕉扇往海裡一扔，扇子緩緩變大，有如一張大草蓆，漢鍾離整個人仰躺在大扇子上，向大海深處漂去；何仙姑跟隨在後，將荷花往水中輕輕一放，頓時放射出紅光萬道，何仙姑輕巧地跳到荷花之上，隨著水波漂遊。隨後，呂洞賓拔出長劍、張果老拿出紙驢、曹國舅腳踏玉板、鐵拐李丟出裝酒的葫蘆、韓湘子拿出玉簫、藍采和扔出花籃，大家紛紛將各自的法寶丟入水中，大顯神通，橫渡東海。

八仙在海上各展神功，頓時大海翻騰，驚動龍宮，東海龍王率著蝦兵蟹將出海巡視，對於八仙憑著一時興起就擾亂海上的安寧，感到非常氣憤，雙方發生激烈的口角衝突，一言不合就打了起來，只是東海龍王的蝦兵蟹將哪裡是八仙的對手，沒兩下就被打得東倒西歪，東海龍王更是惱怒，乘著八仙大勝後沒有防備，將藍采和擒入海底龍宮。

眾仙大怒，各自施展法寶，追入海底，蝦兵蟹將抵擋不住，節節敗退，東海龍王知道眾仙不會善罷甘休，一面派人向四海龍王求救，一面從半途襲擊；然而龍王雖然神勇，又仗著水勢，但經過一番惡戰，終究抵擋不住眾仙的圍攻，逃回水晶龍宮，閉門不出。

眾仙雖然打退龍王，但也元氣大傷，不敢在海底久留，只能暫時退到海上，在海上不停叫陣。

不久，南海、北海、西海龍王率領援軍來到，與東海龍王合力催動三江、五湖、四海之水，掀起滔天巨浪向眾仙捲來，正在危急之際，曹國舅舉起法寶白雲玉板，在濁浪中開出一條生路，眾仙得以平安逃脫。

四海龍王看見巨浪無效，於是調動四海兵將，準備決一死戰，正當雙方一觸即發時，南海觀音前來調停，喝令雙方停戰，並請東海龍王釋放藍采和，於是龍王與八仙言歸於好，四海龍王各自帶著兵將返回海底，八仙則拜別觀音，乘風破浪而去。

有此一說

「八仙」一詞在中國歷史上的不同時期，一直擁有不同的涵義，直到明朝吳元泰的《八仙出處東遊記》（一般稱為《東遊記》），才正式定型為呂洞賓、鍾離權（或漢鍾離）、李鐵拐、張果老、何仙姑、曹國舅、韓湘子及藍采和。八仙過海這個膾炙人口的故事，最早見於雜劇《爭玉板八仙過海》。《東遊記》內容即取材自雜劇。

七爺八爺的故事

傳說七爺姓謝，因為個性溫和，對人總是和和氣氣，於是大家都叫他「謝必安」；至於八爺姓范，因為個性急躁、嫉惡如仇，對於做壞事的人絕不原諒，所以大家都叫他「范無救」。

謝必安身材高瘦，范無救身材矮胖，兩人情同兄弟，一起在福建地區擔任衙門的差役，他們處事公正、替人民伸張正義，但不會仗勢隨便找人麻煩，得到當地百姓的尊敬與信賴。有一天，他們一起外出，經過南臺橋時，忽然烏雲密布，眼看就要下起大雨，謝必安對范無救說：「我走得比較快，先回去拿傘，你暫時在橋下躲雨，我等一下就來接你。」沒多久就下起大雨來，謝必安冒雨趕路，好不容易回到家，自己卻發起高燒，四肢無力，癱坐在椅子上昏沉沉地睡去。

范無救躲在橋下，等著謝必安拿傘回來，但是眼見雨愈來愈大，河水逐漸高漲起來，就是不見謝必安的影子，他怕謝必安找不到他，所以不敢離開；只是萬萬沒想到，雨勢完全沒有要停歇的樣子，而且溪水急速地暴漲，淹過他的腳踝、膝蓋、大腿……范無救還是守著約定，相信謝必安會來找他，為了不讓自己被大水沖走，他用雙手緊緊地抱住橋柱。

謝必安醒來，想到范無救還在等他，不顧自己還沒完全退燒，急忙拿著雨傘，硬拖著身體回到橋下，只是范無救還等不到謝必安回來，已經先被大水淹死了，臨死時仍然抱緊橋柱。謝必安看見范無救的屍體，忍不住放聲大哭，他哭喊著：「都是我的錯！都是我叫你到橋下等我！如果我能夠早點回來，你就不會被水淹死了！」他傷心欲絕，愈想愈自責，於是就在橋下上吊自殺了。

城隍爺知道這件事之後，被二人的深厚情誼所感動，於是啟奏天帝，讓二人擔任自己的部下，負責緝拿鬼魂的工作，人們於是稱他們為謝將軍和范將軍。因為城隍爺原本就有二位判官和四個差爺，所以大家一般稱呼他們為「七爺、八爺」。

掌管生死簿的判官

出自：《搜神記》

傳說城隍爺掌管陰間的司法和行政，他身邊的文判官手上有一本生死簿，記載著每個人的壽命長短。

漢代時，下邳有個叫周式的人，有一天他僱了一艘船要前往東海郡，正準備要發船時，有一個身穿黑衣的小吏趕來，手裡握著一卷書，請求周式能讓他搭個便船；周式個性隨和，覺得路上有人作伴也不錯，就開心地答應，讓那人上船。

兩人相談甚歡，小船航行了十多里之後靠岸休息，小吏對周式說：「我想先去拜訪一個人，等一下就回來，這卷書先暫時存放在船上，但是請千萬不要打開來看。」小吏離開後，周式隨意看看岸邊風光，不小心瞥見小吏留下的書卷，心裡納悶著：「書上寫了什麼？為什麼特別叮嚀我不能打開呢？」一時按捺不下心中的好奇，忍不住打開書卷偷看，只見書上密密麻麻的人名，仔細一看，發現有幾個是自己認識的人，而且都是不久前才去世的，而書上記載的死亡時間、原因竟然絲毫無誤。周式心中驚疑不定，急忙往下尋找有沒有其他認識的名字，結果發現自己的名字也列在上面，他嚇了一大跳，頭腦一片空白：「難道我已經命在旦夕了？」

當周式對著書卷發呆時，小吏剛好回來，看到周式把書卷打開，非常生氣，他說：「我不是跟你說過千萬不能打開，為什麼你還是偷看？」周式看到小吏回來，立刻跪下來磕頭，磕到額頭都流血了，說：「書上記的是真的嗎？我活不了多久了？我還年輕不想死，拜託你救救我！」小吏沉默不語，過了許久才說：「我搭了你這麼遠的便船，這個恩惠不能不報，但書卷上的名字不是我能擅自消除的……這樣吧，你現在立刻回家，三年之內不准離開家門，或許有機會躲過一劫；另外，看過這卷書的事情千萬不能對別人說。」

周式回家以後後，牢記小吏的叮嚀，從此足不出戶，一下子兩年多過去，家人都覺得很奇怪，以為他生病了。這時，隔壁鄰居有一個長輩去世，周式的父親要家人都去弔唁致意，但周式還是躲在家裡，不肯出門，這下引得父親發火，大聲斥責：「你平常不肯出門就算了，現在隔壁的爺爺過世，人家以前也相當照顧你，於情於理至少都該去上支香，如果你不願意和其他人接觸，頂多祭拜完就馬上回家就好。」周式不敢說出實情，也不敢違抗父親，心裡安慰自己：「只是到隔壁一下應該沒什麼關係吧！」

誰知道才剛踏出家門，就遇到兩年前的那個小吏，他一看見周式，就很生氣地說：「我叫你三年不要出門，結果你今天還是出門了，現在我也無法再救你了；因為傳授你避難的方法，兩年多來地府的差役見不到你，無法帶回你的魂魄，連累我回到地府後遭受鞭打，現在既然你違約出門，也讓我遇到你了，那就沒辦法，三天後的中午，我會來接你離開。」

周式非常後悔，但也來不及了，回家後哭著和家人道別，並把事情的發生經過跟家人說，父親覺得不可思議，不相信他說的話；母親則是非常擔心，日夜守在他的身旁。

三天後，小吏果然按照約定的時間登門拜訪，有人說似乎看到周式和小吏一起離開，而家人則發現在小吏離開後，周式就斷氣死了。

◈漢下邳周式嘗至東海，道逢一吏，持一卷書，求寄載。行十餘里，謂式曰：「吾暫有所過，留書寄君船中，慎勿發之。」去後，式盜發現書，皆諸死人錄，下條有式名。須臾，吏還，式猶視書。吏怒曰：「故以相告，而忽視之？」式叩頭流血，良久，吏曰：「感卿遠相載，此書不可除卿名。今日已去，還家，三年勿出門，可得度也。勿道見吾書。」式還，不出，已二年餘，家皆怪之。鄰人卒亡，父怒，使往弔之。式不得已，適出門，便見此吏。吏曰：「吾令汝三年勿出，而今出門，知復奈何？吾求不見，連累為鞭杖，今已見汝，無可奈何。後三日，日中，當相取也。」式還，涕泣具道如此。父故不信。母晝夜與相守。至三日日中時，果見來取，便死。——《搜神記》

主宰功名的文昌帝君

「文昌」本來是星宮名稱，古代星相家認為是主大貴的吉星，主宰著功名祿位。

相傳文昌帝君是晉代西蜀人，名叫張亞子，出生的時候，祥光照亮屋子，天空出現五色彩雲籠罩整個村莊，村民看到這些異象，都認為他是貴人轉世」。

張亞子從小天賦聰敏，比其他同齡的小孩還要成熟懂事，個性穩重、善良，很喜歡讀書。他對母親非常孝順，二十歲那年，母親病重，身上長了膿瘡，張亞子親自為母親吸出傷口的膿液，他聽說人肉可以治療毒瘡，於是割下大腿肉煮給母親吃，在他細心的照顧下，母親的病總算漸漸痊癒。

後來，瘟疫流行，張亞子在夢中獲得神仙傳授仙書，學會祛邪治病的方法，於是到處行醫，替人治病，很受到當地民眾愛戴。晉朝滅亡後，張亞子率兵與前秦苻堅對抗，最後不幸戰死，人們為了紀念他，就在梓潼立廟祭祀，又被稱為橦潼神或梓潼帝君。

唐朝時，安史之亂爆發，唐玄宗避走四川，路經七曲山的亞子祠，張亞子託夢說玄宗將成為太上皇，不久太子李亨自行即位，也就是唐肅宗，並尊奉玄宗為太上皇；因夢境靈驗，所以玄宗對張亞子舉行隆重祭祀，追封「左丞相」。後來，唐僖宗躲避黃巢之亂到蜀地，經過七曲山，也親自到梓潼神廟祭祀，並給予追封，還解下身上的寶劍獻神。

由於道教和歷代皇帝的推崇，張亞子的信眾愈來愈多，有人認為他是天上的文昌星轉世，宋代以科舉考試做為主要的仕宦途徑，許多讀書人都向他祈求考試順利。元仁宗延佑三年（1316），正式敕封為「輔元開化文昌司祿宏仁帝君」，簡稱「文昌帝君」。往後，祭祀文昌帝君成為重要祭典之一，凡是讀書人都一定要奉祀文昌帝君，尤其是每年二月三日文昌帝君誕辰，全國上下的讀書人都要到文昌廟行「三獻禮」祭拜。

有此一說

張亞子是蜀人張育與梓潼的地方神亞子合併而成的神靈。東晉時，張育自稱蜀王，起兵反抗前秦苻堅，英勇戰死。蜀人在梓潼郡建張育祠，尊奉他為雷澤龍神。而梓潼七曲山另有梓潼神亞子祠，亞子姓張，又名張堊子，生於周初，歷代顯化，時人認為「張育」即為梓潼神「亞子」的轉世化身。自唐朝以後，因為歷代帝王的推崇，逐漸成為全國性的神明。根據《明史．禮志》的記載：「梓潼帝君者，記云：『神姓張，名亞子，居蜀七曲山。仕晉戰沒，人為立廟。唐、宋屢封至英顯王。道家謂帝命梓潼掌文昌府事及人間祿籍，故元加號為帝君，而天下學校亦有祠祀者。』」

長壽的彭祖

彭祖從小和母親相依為命，因為家境貧窮，從懂事開始就會到田裡幫忙，是個很孝順又善良的孩子。十三歲的時候，他在水田裡幫忙家裡的農活，剛好有一位老人家經過，他怕泥水會濺到老人的衣服，就停下手邊工作，慢慢等老人通過。

老人沒想到在農村的田裡，居然能有這麼有禮貌又貼心的年輕人，忍不住多看了他兩眼，赫然發現他的壽命將盡，覺得十分可惜；彭祖看到老人停下腳步站著發呆，以為老人身體不舒服，便主動問說：「老爺爺，你是不是哪裡不舒服？要不要我扶你到前面的大樹下休息？」看到彭祖如此善良，老人於是說：「小兄弟，謝謝你，其實我是個算命師，偶然經過這裡，發現你的陽壽將盡，但看到你這麼善良體貼，忍不住洩露天機。」

彭祖聽完急得快哭了，跪下來磕頭說：「我要是死了，我媽媽該怎麼辦？她一定會很傷心的，請老爺爺一定要救我。」老人說：「我沒有這麼大的本領，要救你的命，只能拜託神仙了。」於是向彭祖傳授了機宜後，就翩翩離去了。

過了幾天，到了中秋夜，彭祖依老人指示，在家門前的大路上擺上供桌，鋪上一塊大桌布，桌上準備了清茶、糕點和水果，然後鑽到桌子下等待。不知道過了多久，彭祖已經有了幾分睡意，在迷迷糊糊間，突然聽到一陣腳步聲接近，有人說：「這路邊居然有人供奉食物，既然人家誠心相待，我等就在這裡暫歇一會吧！」於是幾個人停下來邊吃邊聊。

盤算著貢品吃得差不多了，彭祖從桌底下爬出來，看到眼前站了七、八個仙人，連忙下跪磕頭說：「懇求神仙救命！算命先生說我活不了多久了，我不怕死，只是家中母親無人照顧，我不能就這樣離開，請各位神仙伸出援手。」

幾個神仙看彭祖言辭懇切，其中一個說：「這個小兄弟一片孝心，我們也不好白吃白喝，就幫他一下吧！」另一個則說：「我來幫他把生死簿上的名字劃掉。」還有一個說：「不如我們一人送他一百年的壽命吧！」於是每個神仙在他頭上點了一下，臨走之前，一個神仙叮嚀說：「雖然我們幫你延年益壽，但你務必要潛心修道，心存善念，切勿自誇自大，謹言慎行，否則將會惹禍上身。」

彭祖覺得像在做夢一樣，只是牢牢記著神仙臨走前交代的話，平淡低調地生活。他也曾娶妻生子，但親人無法像他這樣長壽，一一離世，彭祖更體會人世無常的道理，一生不求功名利祿，專心修道養生。

就這樣過了幾百年，有一天閻王到人間訪視，偶然聽到有人談論，說彭祖已經活了八百歲，應該快要成仙了。閻王聽完覺得很不高興，怎麼有人活了八百歲，自己卻完全不知道？他翻開生死簿，卻怎麼也找不到彭祖這個人的資料，於是命令兩個鬼差，務必把逍遙在人世的彭祖緝拿歸陰。

兩個鬼差雖然領了閻王命令，心中卻大為苦惱，生命簿上沒記錄，也不知道他的長相，該去哪裡捉彭祖？兩個鬼差漫無目的地找了一陣子，無奈之下，想出了一個辦法，他們扮成挑木炭的人，拿了一大堆木炭，到河邊洗起黑色的木炭來，努力地想把木炭洗成白的。

這樣奇怪的行為很快就引來其他民眾的側目，很多人議論紛紛，對他們指指點點，但他們一點也不在意，依然每天賣力地刷洗木炭。有一天，有一個老人經過，好奇地問他們在幹什麼，他們回答：「我們要把木炭洗成白的。」老人聽完仰天大笑：「哈哈哈！我彭祖活到八百多歲，什麼怪事都見過，還從來沒聽說黑木炭可以洗白，真是太有趣了！」兩個鬼差一聽，不禁喜出望外，原來這個人就是彭祖，於是連忙飛奔向前，捉住彭祖，把他押回閻王那裡去了。

至於彭祖，沒能牢記神仙要他「切勿自誇自大，謹言慎行」的叮嚀，果真惹禍上身，離開人間了。

有此一說

關於彭祖之名，早在先秦典籍中如《楚辭》、《莊子》、《論語》和《呂氏春秋》等書中就有記載，司馬遷的《史記》中說：「彭祖氏，殷之時嘗為侯伯，殷之末世滅彭祖氏。」到了漢朝，劉向的《列仙傳》和東晉葛洪的《神仙傳》都將他當成神仙，說他從夏朝至殷末活了八百多歲。

城隍抗河神

出自：《廣異記》

唐代開元年間，滑州刺史韋秀莊，閒暇時來到城樓上眺望黃河。城樓中忽然出現了一個人，高三尺多，身穿紫衣、頭戴紅冠，通報自己的名字前來拜見。

韋秀莊知道他不是人類，便問他是何方神聖，他答說：「我是本城城隍。」韋秀莊接著又問他有什麼事，他說：「黃河河神想毀掉本城，用來取直河道，我堅決不同意，約定五天之後，在河岸大戰。我怕我的力量微薄，所以來向大人求助。如果能派兩千人來，手拿弓箭，看清陣勢相助，一定能克敵致勝。滑州是大人的城池，還請大人協助謀劃。」韋秀莊答應下來後，城隍就不見了。

到了約定的那一天，韋秀莊率領了兩千精兵登上城樓。只見河中忽然一片昏暗，一會兒，有團白氣直衝十餘丈高，接著城樓也有團青氣衝出，兩團氣在空中互相纏繞。韋秀莊命令士兵用弓箭對著白氣亂射，那團白氣漸漸的縮小，最後消逝了，剩下青氣獨存，透迤彎曲好像雲霧籠罩了整座山峰，最後回到城樓中。先前黃河原本俯臨滑州城樓之下，之後水勢漸退，到現在離城已經有五、六里地遠了。

◈開元中，滑州刺史韋秀莊，暇日來城樓望黃河。樓中忽見一人，長三尺許，紫衣朱冠，通名參謁。

秀莊知非人類，問是何神，答曰：「即城隍之主。」又問何來，答云：「黃河之神，欲毀我城，以端河路，我固不許。克後五日，大戰於河湄。恐力不禁，故來求救於使君爾。若得二千人，持弓弩物色相助，必當克捷。君之城也，惟君圖之。」秀莊許諾，神乃不見。

至其日，秀莊帥勁卒二千人登城。河中忽爾晦冥，須臾，有白氣直上十餘丈，樓上有青氣出，相縈繞。秀莊命弓弩亂射白氣，氣形漸小，至滅，唯青氣獨存，透迤如雲峰之狀，還入樓中。初時，黃河俯近城之下，此後漸退，至今五六里也。——《廣異記》

關於《廣異記》

作者為唐代戴孚，生平不詳，本書記錄當時傳聞，內容涉及神仙、法術、公案、鬼怪、因果、奇遇等故事，為筆記故事集。本書上承六朝志怪，對唐傳奇小說創作有深遠影響。原書已散佚，《太平廣記》中保留了大部分故事。

水鬼變城隍

出自：《德育古鑑》

在松陵這個地方有個漁翁名叫李正，他住在一個很偏僻的小港灣旁。一天傍晚，他捕到了一些魚，買了點酒在家獨飲。一會兒，他發現有一個人站在他門外。李正問：「你從哪裡來？」那人說：「我是鬼，死在水裡很多年了。我見你一人獨飲，想分杯酒喝。」李正說：「你想喝酒，就坐下來吧。」鬼便坐下來和他對飲。酒酣耳熱，兩個人開心地聊起天來。以後，鬼經常與李正來往，差不多半個月了。一天，鬼對李正說：「明天，代替我的人就要來了。」李正問：「是什麼人？」回答說是個駕船的。

第二天，李正在河邊等候，果然有個人駕著船來，但沒有發生任何意外。等到晚上，鬼來的時候，李正問：「為什麼沒讓他代替你呢？」鬼說：「那個人從小沒有父母，又要撫養他的小弟弟，我把他害死了，他弟弟也活不成，所以把他放了。」

又過了半個月，鬼又說替代他的人來了。果然有個人在水邊徘徊，但走來走去，最後走掉了，什麼事都沒發生，李正又問鬼為什麼不取他作替身。鬼說：「這人的老母無人依靠，我怎麼能害他呢？」李正說：「你有這樣的善心，絕對不會長久淪落陰間的。」過幾天，鬼對他說：「明天會有位婦女來代替我，特地來跟你告別。」

第二天晚上，李正看見一個婦女站在岸邊，幾次想跳水，結果又上岸走了。晚上鬼又來了，李正問：「你為什麼又放棄這次機會？」鬼說：「那位婦人剛懷有身孕，如果害了她，等於害死兩條命。我作為一個男人，尚日困在水中這麼久了，換成那孕婦，她要等到何年何月呢？」話才說完，淚水竟流了下來。

過了幾天，鬼穿著大紅袍子，戴著官帽身佩玉帶，領了一大群隨從，來與李正告別。他說：「上帝因為我的仁德好生，下詔封我作這裡的土地神。」告別完，李正就再也沒有看過他了。

◈李正，松陵人，業漁，居一港甚僻。一夕得魚，沽酒獨酌。俄有一人立門外，正曰：「子何來？」曰：「予鬼也，喪此水中數年矣。見翁獨酌，欲覓一杯耳。」正曰：「子欲飲，可入坐。」鬼遂入對酌，後因常至。越半月，鬼謂曰：「明日代我者至矣！」問何人？曰：「駕船者。」

明日伺之，果一人駕船來，略無少礙。晚，鬼至。正曰：「何不代去？」曰：「此人少年喪父母，養一幼弟。吾害之，彼弟亦不能生。故釋之。」又半月，鬼入曰：「明日代我者至。」次日，果一人來岸，徘徊數轉而去。鬼至，復問：「何以不代？」鬼曰：「此人有老母無依，故釋之。」正曰：「子有此心，必不久墮泉下。」又數日，鬼曰：「明日一婦代我，特來拜別。」次日伺之。晚，有婦人臨岸，意欲下水，復登岸去，鬼又至，正曰：「何以捨此婦？」曰：「此婦懷孕在身，若損之，是二命也。予為男子，沒水濱數年，尚無生路；況此孕婦，何日超生？故又捨之。任予魂消魄散於水中，誓不敢損二命也。」潸然淚下。

別數日，前鬼緋袍冠帶，侍從甚眾，來辭正曰：「上帝以吾仁德好生，敕為本處土地。」言訖不見。——《德育古鑑》

關於《德育古鑑》

清代史潔珵編輯，生卒年不詳。原名《感應類鈔》，康熙初年成書，民國後重刊改名為《德育古鑑》。本書以「功過格」為綱，分為孝順、和睦、慈教等共十一類，自史籍中選了近三百則德行小故事，且加上評論。內容都是講因果報應，勸人為善的故事。

悟道成佛的釋迦牟尼

釋迦牟尼原是古印度迦毗羅衛國的太子，約在西元前六世紀誕生。據說迦毗羅衛國的國王淨飯王與王后摩耶夫人結婚多年始終無子，有一天晚上，摩耶夫人做了一個夢，夢到一頭有著六根象牙的白象進入自己的肚子。第二天，摩耶夫人果然懷孕了，經過十月懷胎，即將臨產時，摩耶夫人依照古印度習俗，返回娘家待產。途經藍毗尼花園時，看到了花園裏的一棵美麗的無憂樹，夫人將右手舉起來靠在樹幹上略作休息，沒想到孩子就從摩耶夫人的右邊肋骨出生了，產下太子悉達多。

淨飯王晚年得子，非常高興，一心希望這個孩子不僅能夠繼承王位，更希望他能成為統一天下的轉輪聖王；他聘請當時著名的學者，教導悉達多學習。少年時代的悉達多天資聰穎，能夠舉一反三，很快就學會各種學問，他也喜歡角力與射箭，在武藝上也有突出的表現。此外，他的心思細膩，且善於觀察，對身邊的日常小事，常會有所感悟。

有一次，他跟隨父王到農村參加春耕的祭典，見到農夫犁田時，從土中翻起了許多蚯蚓，吸引飛鳥前來啄食，鳥才剛吃飽，就被天上俯衝而下的老鷹攫獲，這樣弱肉強食的眾生相，讓悉達多看得怵目驚心，烙印在幼小的心靈裡，使他深深體悟世間的不平等，並開始思索離苦得樂之道，只是一直找不到答案。

十六歲時，悉達多娶了鄰國的公主耶輸陀羅為妻，六年後生下兒子羅睺羅，生活看似美滿幸福，但貴為太子的悉達多，在精神上卻非常地空虛。二十九歲的時候，某天他從東門出了王城，看到了一個白髮蒼蒼、風燭殘年的佝僂老人；在西門看到了一個痛苦呻吟、奄奄一息的病人；在北門遇到了一個送葬的隊伍，這讓悉達多認識到人生無常，眾生都將受到病、老、死的折磨；最後，他在南門遇到了一位神態安詳的出家沙門，終於領悟自己要走的道路，他下定決心，以沙門為榜樣，出家求道。

得知悉達多太子出走的消息，淨飯王非常震驚，多次派人勸說，希望他能回心轉意，但都遭到拒絕。為了保護悉達多的安全，淨飯王只好從親信中選派出憍陳如、額鞞、跋提、十力迦葉、摩訶俱男等五個人，擔任侍者，隨身保護太子。五位侍者深受太子求道的決心所感動，決心追隨他苦行修道。

為了尋求解脫之道，悉達多太子四處遍訪名師，跟隨他們學習苦行、禪定等修持方法。然而，經過六年的尋師問道，學習了各家各派的修行法門，卻還是解決不了心中的困惑，仍然無法解脫煩惱，於是他便帶領著五位侍者進入苦行林，進行各種極端的苦行。

在六年的艱苦修行中，悉達多太子身心不動，一天只吃一麥一粟，整個人變得瘦骨嶙峋、虛弱不堪。有一天，他獨自拖著虛弱的身體來到尼連禪河邊，終因體力不支而昏倒，還好有一名善良的牧羊女經過，以羊乳粥緩緩餵食，才使悉達多太子慢慢蘇醒過來，並接受了牧羊女乳糜的供養，逐漸恢復體力。

這段期間，悉達多太子意識到苦行並非離苦得樂之道，毅然決定放棄苦行，改採不執著於「有無、苦樂、是非、生滅」的中道。五位侍者誤以為他是吃不了苦而失去道心，才放棄多年的苦行，深感失望，便離他而去。

於是，悉達多太子一個人渡過尼連禪河，走到迦耶山附近的菩提伽耶，在一棵菩提樹下靜坐，他對自己發誓：「如果不能證得無上正覺，寧願身心粉碎，也終不起座。」

悉達多太子禪定了四十九天，經歷無數煩惱魔障，憑著堅定的意志，始終沒有絲毫動搖，最後戰勝心中的魔王，徹悟心源，破除了一切妄想、執著，斷盡最後一絲煩惱；這時他看見凌晨閃耀的星星出現，於是大徹大悟，完成了無上正覺，成為佛陀。

悟道之後，佛陀前往鹿野苑傳道，第一次初轉法輪的對象是曾經離他而去的五位侍者，五人在聽完佛陀的開示之後，解開了對佛陀的誤會，成為佛陀的第一批弟子，並形成了最早的僧團，後來僧團逐漸擴張，佛陀的聲名也逐漸遠播，佛教也漸漸廣傳至世界各地。

千手千眼的觀世音菩薩

出自：《香山寶卷》

傳說在很久很久以前，興林國有個妙莊王，王后名叫寶德，兩人結婚多年，膝下卻一直沒有兒子，只生了三個女兒：長女妙書、二女妙音、最小的叫做妙善。妙善公主自幼生來即有許多與眾不同之處，誕生時整個屋子裡充滿芳香，天空出現五彩祥雲，還有滿天的霞光照耀宮中。

時間飛快，轉眼之間，三位公主相繼長大成人，妙莊王準備為心愛的女兒招贅夫婿。大公主妙書招了一個文士，二公主妙音招了一個武官，唯獨三公主妙善不肯招親，對父親表示：「女兒一生只希望在深山中靜心修行，從不奢求榮華富貴，祈望父王能成全女兒的一片誠心。」妙莊王一聽，心中極為不悅，命王后好好開導，希望女兒可以回心轉意。然而，妙善公主並沒有因此而改變心意，仍是堅持不願成婚，妙莊王見女兒如此固執，震怒之下，把她趕出皇宮。

妙善公主離家之後，並沒有因為失去父王的寵愛和富貴的皇室生活而感到委屈，反而趁此機會專心修行，前往香山白雀寺出家。妙莊王心想：「女兒從小在皇宮裡養尊處優，只要到了外面，一定沒多久就會因為吃不了苦哭著回來。」於是向白雀寺住持和尚施壓，要住持勸說妙善回心轉意。

住持接獲妙莊王的命令，心想：「妙善貴為公主，想必無法習慣寺院清苦的生活，相信不久之後，就會知難而退回去皇宮了。」因此，他找來妙善公主說：「公主，請不要誤以為出家生活清閒自在，佛陀說六道眾生皆平等，沒有高下貴賤的分別，即便你是帝王之女，一旦出了家，就要平等地服務眾生，諸多雜事都要配合去完成，不能找藉口推託。」妙善公主誠心地回答：「我一心只希望能靜心修行，度化眾生，不怕吃苦，我願意接受各種工作的安排，絕對不會有所怨言。」

第二天開始，妙善公主便在白雀寺中做著各種粗活工作，砍柴、燒飯、挑水、掃地等雜役，無一不做，始終無一句怨言，每天用心地把所有職事工作做好，只要稍有空檔，就靜心禪坐、研讀佛法，精進修行。

日子一天一天過去，住持眼看無法逼退妙善公主，只好向妙莊王報告。妙莊王眼見女兒回頭無望，震怒之下，下令要燒毀白雀寺，寺中眾僧侶得知此事，人人惶恐不安，妙善公主不忍心連累無辜，更不願父親因此犯下罪業，決定離開白雀寺。於是妙善公主四海雲遊，後來得到佛陀啟示，到達南海普陀山修行，最後功德圓滿。

過了幾年後，妙莊王突然身染重病，看遍名醫、吃遍各種藥物都不見好轉，聽說這個怪病需要親人的眼睛和手作為藥引才能治好，然而已出嫁的兩位公主都不願犧牲，也不相信這個來路不明的祕方，只能任由妙莊王病情日漸惡化。

離家多年的妙善公主聽到這個消息，念及父女骨肉親情的情份，立刻返家，並毫不猶豫地挖出自己的雙眼與砍斷雙手作為父親的藥引。妙莊王服下後果然藥到病除，完全康復了，當他看到女兒為了他而犧牲，悲痛懊悔，便向佛陀禮拜懺悔，希望上天還女兒手眼。佛陀感念妙善公主救度眾生的宏大願力，以及捨身救父的孝心，特別降下法恩，讓妙善公主重新長出雙手及雙眼，甚至長出千手千眼。妙善並藉此因緣為父親講說佛法，度化妙莊王皈依佛門。

此後，妙善四處說法，度化眾生，於是眾人稱為「千手千眼觀世音菩薩」。

關於《香山寶卷》

原名《觀世音菩薩本行經》。寶卷是中國宗教說唱文學的文本，出現於明代，由唐代變文發展而來，散文和韻文交替，可供宣唱。內容多為佛經故事和民間故事，主要在宣揚宗教故事、因果報應。

有此一說

宋元時，妙善公主的故事已廣為人知，並非直接出自佛經典籍，主要為民間傳說，北宋官員蔣之奇寫的〈香山大悲菩薩傳〉是目前可考的最早文本，由宰相蔡京書寫後，在河南寶豐香山寺刻成碑文，使故事流傳更廣，並且確立中國觀世音菩薩的女性身分。妙善公主的故事，是佛教觀音信仰與民族文化結合的產物，在傳播觀音信仰的同時也宣揚孝道。

十二生肖的故事

傳說在遠古時代，人類的知識有限，總是記不住時間過了多久，也不知道年、月的計算方法。於是，人類拜託玉皇大帝想個辦法，玉皇大帝覺得動物和人們關係非常密切，如果選十二種動物來當作生肖，人們一定比較容易記得。但是該選什麼動物當作代表呢？玉帝想了又想，決定舉辦一場動物渡河比賽，取前十二名的動物作為十二生肖。

比賽的消息傳開以後，所有的動物都躍躍欲試，熱烈地討論這場盛事，希望自己能夠贏得比賽，成為十二個生肖。那時候，貓和老鼠是最要好的朋友，他們吃東西在一起，睡覺也在一起，幾乎形影不離。他們也想參加比賽，但想到自己體形小又不是很會游泳，決定拜託平常習慣早起、個性又溫和善良的水牛幫忙載牠們一程。

到了比賽當天，天還沒亮，水牛就來叫醒貓和老鼠，當他們來到河邊的時候，其他動物都還沒到呢！水牛讓貓和老鼠趴在自己的背上，載著他們一起渡河。或許是因為太早起床了，貓咪趴在水牛寬大又溫暖的背上，不知不覺就睡著了，就在水牛游到河中央的時候，老鼠突然起了壞心眼，想要獨占機會，於是用力往貓咪身上一撞，就把貓撞到河裡了，水牛聽到「撲通」一聲，正想回頭看發生了什麼事，卻看到河邊開始有其他動物追趕上來，他不敢再多看，只能加快速度往前游。

這時老鼠鑽進水牛的耳朵，不停地幫水牛打氣：「加油！不要回頭，快到終點了！」於是水牛頭也不回地往前，終於最先來到河的對岸，眼看終點就在眼前了，老鼠突然從水牛的耳朵裡鑽了出來，搶先一步抵達終點，得到第一名；水牛原本以為勝券在握的，卻變成了第二名，一臉不敢置信地瞪大眼睛；不久，老虎全身溼淋淋地趕來，得到第三；兔子雖然也不會游泳，但把別的動物當做跳板，一路跳過河來，取得第四；突然間，天邊捲起一陣狂風，一頭巨龍從天空降下來，他在別的地方負責降雨的工作，結束以後才趕來，所以就耽誤了時間，錯過第一，只排在第五名；接著傳來一陣馬蹄聲，原來是馬來了，但就在終點前，突然一條蛇從草叢裡鑽出來，搶走第六名，而馬不但只得到第七名，還因為嚇了一大跳，從此變得很膽小；緊接在後面抵達的先後是山羊、猴子和雞，他們三個雖然也不大會游泳，但在河邊找到一大塊木頭，三個同心協力，一起划著木頭渡河，分別得到了八、九、十名；第十一名是狗，狗本來很會游泳，但因為貪玩，在河邊玩水、洗澡，所以在十二生肖裡只得到倒數第二；搶下十二生肖最後一張門票的是豬，豬原本懶得參加比賽，但心想這麼大的比賽一定會準備好吃的，所以還是賣力地趕來。

十二生肖的名次一一揭曉，玉皇大帝正式宣布：「經過激烈的比賽，十二生肖的名單已經出來了，分別是：鼠、牛、虎、兔、龍、蛇、馬、羊、猴、雞、狗、豬。」就在這個時候，貓咪急急忙忙地趕到，他全身溼透，一臉狼狽，不停地問：「我得第幾名？我得第幾名？」玉皇大帝看著貓咪說：「你來得太晚了，比賽已經結束了。」

貓咪愈想愈氣，覺得一切都是老鼠害的，伸出了爪子，就往老鼠撲了過去，老鼠知道自己對不起貓，連忙鑽到椅子底下，從此以後，老鼠只要一看到貓的身影，就連忙躲起來，雖然在十二生肖中取得了第一名，卻只能過著提心吊膽的日子，生怕貓咪找他報仇。

故事雲・中國神話經典大閱讀

編著者　吳昆展
美術設計　徐睿紳
內頁排版　高巧怡
行銷企劃　蕭浩仰、江紫涓
行銷統籌　駱漢琦
業務發行　邱紹溢
營運顧問　郭其彬
責任編輯　吳佳珍
總編輯　李亞南
出　版　漫遊者文化事業股份有限公司
地　址　台北市大同區重慶北路二段88號2樓之6
電　話　(02) 2715-2022
傳　真　(02) 2715-2021
服務信箱　service@azothbooks.com
網路書店　www.azothbooks.com
臉　書　www.facebook.com/azothbooks.read
營運統籌　大雁出版基地
地　址　新北市新店區北新路三段207之3號5樓
電　話　(02) 8913-1005
傳　真　(02) 8913-1056
劃撥帳號　50022001
戶　名　漫遊者文化事業股份有限公司
初版一刷　2024年06月
定　價　台幣320元
ISBN　978-986-489-961-6

國家圖書館出版品預行編目(CIP)資料

故事雲・中國神話經典大閱讀 / 吳昆展編著. -- 初版. -- 臺北市 : 漫遊者文化事業股份有限公司出版 ; 新北市 : 大雁出版基地發行, 2024.06
248面 ; 14.8×21公分
ISBN 978-986-489-961-6(平裝)
1.CST: 中國神話
282　　113007396